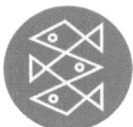 

AF205038

Kontaktadresse nach EU-Produktsicherheitsverordnung:
produktsicherheit@fischerverlage.de

In *Wenn der Wind über Traumwiesen weht* sind die schönsten Phantasiereisen, Reiseimpressionen, Märchen und Haiku-Meditationen aus frühen Veröffentlichungen der bekannten Autorin von ihr selbst zusammengestellt und um zahlreiche neue erweitert worden.

Ihr Anliegen, Erwachsenen und Kindern mit Hilfe von Autogenem Training und Meditation einen Weg zu Ruhe und Entspannung zu zeigen, steht erneut im Mittelpunkt dieser phantasievoll erzählten und phantasieanregenden Geschichen und Gedichte. Stressgeplagten, ruhesuchenden Menschen werden durch die positive Wirkung der Versenkung, dieser »Kunst des Absichtslosen«, Natur- und Phantasiebilder zurückgegeben, die ihnen längst vergessen geglaubte Träume ermöglichen. Sie können damit wieder neue Kraft und Energie zur Alltags- und Lebensbewältigung gewinnen.

Else Müller ist Diplom-Pägagogin. Als Therapeutin hat sie klinisch und in eigener Praxis gearbeitet. Sie war viele Jahre Kursleiterin für Autogenes Trainig, Atemtraining und Meditation. Sie hat viele neue Wege im Bereich Entspannung und Meditation entwickelt und ist durch die hohen Auflagen ihrer Publikationen einem breiten Publikum bekannt. Heute arbeitet sie als Gast-Dozentin einer Fach-Akademie in der Aus- und Fortbildung für (Entspannungs-)PädagogInnen, ErzieherInnen u.a. Seit 35 Jahren ist sie als Autorin tätig und hat weit über eine Million Bücher und Tonträger veröffentlicht, darunter die Bestseller »Du spürst unter deinen Füßen das Gras« und »Auf der Silberlichtstraße des Mondes«.

Weitere Informationen, auch zu E-Book-Ausgaben, finden Sie bei www.fischerverlage.de

Else Müller

Wenn der Wind
über Traumwiesen weht

Die schönsten Phantasiereisen,
Märchen und Meditationen

FISCHER Taschenbuch

11. Auflage

Originalausgabe
© 2024 S. Fischer Verlag GmbH,
Hedderichstr. 114, 60596 Frankfurt am Main

Die Nutzung unserer Werke für Text- und
Data-Mining im Sinne von § 44b UrhG
behalten wir uns explizit vor.
Printed in Germany
ISBN 978-3-596-15214-8

Inhalt

Einleitung

Phantastische Entspannung – mit Phantasie entspannen – der Name ist Programm.

Phantasie und Entspannung sind als notwendige Ergänzung zur Körperpflege Schwerpunkte im Konzept eines ganzheitlichen Gesundheitstrainings. Sie sollten so selbstverständlich sein oder werden wie das Zähneputzen. Zur Gesundheitspflege und -erhaltung gehört auch das »Reinigen« von alltäglichem Stress sowie von »geistiger Verschmutzung« z. B. durch Medienmüll. Hierzu sind weder großer Aufwand noch besondere Vorkenntnisse notwendig.

Unser Lebensalltag birgt viele stressauslösende Faktoren, die zu lebensfeindlichen Aggressoren werden können. Stressoren lauern überall, im körperlichen, sozialen und emotionalen Bereich. Dazu schleppen wir meist auch noch Köfferchen oder Koffer voll unaufgelöster leidvoller früherer Erfahrungen und Erlebnisse mit uns herum. Es ist deshalb kein Wunder, wenn unser Körper, der solchen vielseitigen Belastungen ständig ausgesetzt ist, »gekränkt« reagiert. Doch wir haben ein großes Potenzial an Selbstheilungskräften in uns, das wir mit Hilfe der *phantastischen Entspannung* in diesem Buch aktivieren können.

Der Leitsatz lautet: Nicht der Stress beherrscht mich, sondern ich beherrsche den Stress. *»Wenn der Wind über Traumwiesen weht«* lädt ein, leicht und lustvoll zu entspannen, zu regenerieren, zu träumen und Lebenskraft und -freude zu stärken.

Ein Mensch ohne Phantasie
ist wie ein Brunnen ohne Wasser.

Thesen zur Bedeutung der Phantasie

– Die menschliche Phantasie ist ein angeborenes, essenzielles Potenzial, eine Lebenskraft, die einen wesentlichen Anteil an der persönlichen Lebensgestaltung hat.
– Phantasie ist *die* kreative, schöpferische Kraft der menschlichen Existenz. Vor jedem schöpferischen Akt, jeder wissenschaftlichen Entwicklung steht die Imagination, die Utopie.
– Phantasie ist nötig zur geistigen Entwicklung. Durch überpräsente Medienphantasien wird jede eigene (poetische) Phantasie reduziert, der reinigende innere Bilderfluss ausgetrocknet. Das hinterlässt eine Ödnis und Leere, die zu Langeweile werden kann und als Kompensation oft Aggressions- und Gewaltbereitschaft erhöht.
– Sinne und Sinnlichkeit werden durch Phantasie bereichert. Eine befriedigende Sexualität kommt ohne Phantasie nicht aus. Innere Bilder, Wünsche erweitern die Palette sexueller Möglichkeiten und Spielarten, befreien von der Gefahr des ewig Gleichen.
– Phantasie hat eine heilende Kraft. Durch Imagination wirkt zum Beispiel das Autogene Training (Näheres dazu auf S. 13). Formelhafte Vorsätze entwickeln eine heilsame Wirkung. So nutzt positives Denken, dessen Kraft nicht unterschätzt werden sollte, die innere Vorstellung, innere Bilder und feste Formeln.
– Phantasie ist ein hilfreicher Begleiter sowohl im Beruf wie im Privaten. Kein Problem, kein Konflikt ist ohne Phantasie lösbar. Neue Wege zu gehen und Bewältigungsstrategien zu entwickeln erfordern den ersten Schritt in Gedanken.
– Phantasie hilft auf dem Weg zur Ruhe durch ein Fokussieren auf ein inneres Bildgeschehen. Der durch Phantasie oder Phantasiereisen erreichte Zustand größtmöglicher Ruhe wird als sehr wohltuend erlebt.
– Phantasie aktiviert die rechte Gehirnhälfte, die für Gefühle, Meditation, innere Bilder etc. zuständig ist. Sie ist oft unterfordert, im Gegensatz zur linken Gehirnhälfte, die zuständig ist für Intellekt, rationales, analytisches Denken. Für eine Balance, die Ziel vieler Therapien ist, bietet die *phantastische Entspannung* Anregung und Hilfe.

– Wie wissenschaftliche Untersuchungen zeigen, regt Phantasie das Immunsystem an. Sinnliche Reize, wie Wort-Bilder, die reiche Bildersprache der *Phantasiereisen,* der Geschichten und Märchen in diesem Buch, führen zu Entspannung, Regeneration, stärken das Immunsystem durch Ausschüttung von Wohlfühlhormonen, körpereigenen Opiaten wie z. B. das Serotonin.
– Phantasie ist untrennbar verbunden mit Gemütsbewegungen. Eine Reduzierung poetischer Phantasie bedeutet immer eine Reduzierung von Gefühlen – also auch von Liebe.

An einem Beispiel möchte ich die Kraft der Vorstellung, der Phantasie exemplarisch verdeutlichen:
Vor Jahren wurden in der Bergwelt von Oberstdorf zwei Bundeswehrsoldaten von einer Lawine verschüttet, konnten jedoch nach einer Suchaktion gefunden werden. Sie lagen dicht beieinander, der eine war tot, der andere hatte lediglich nicht allzu schwere Erfrierungen. Nach gesetzlicher Vorschrift wurde der Tote obduziert. Er war kerngesund und hatte eine gute Kondition gehabt. Die Frage war, warum der andere Soldat überlebt hatte. Er erzählte, er habe als Pfadfinder Autogenes Training erlernt, und in seiner Not erinnerte er sich daran. Er setzte die Ruheformeln zur Beruhigung seines auf Hochtouren laufenden vegetativen Nervensystems ein. Die Ruheformel reduzierte seine übermächtige Angst auf ein erträgliches Maß, was Folgen hatte für die Funktion aller Organe. Er konnte so seine Panik bewältigen und begann Hoffnung zu schöpfen. Durch die Anwendung der Wärmeformeln des Autogenen Trainings beugte er stärkeren Erfrierungen vor. Die Kraft der Vorstellung aktivierte all seine Lebenskräfte. Phantasie und Imagination hatten sein Leben gerettet, vor allem durch seine Fähigkeit zur positiven Selbstbeeinflussung.

Einige Worte über Entwicklung und Wirkung des Autogenen Trainings

Der deutsche Nervenarzt Professor Dr. J. H. Schultz entwickelte zu Beginn des 20. Jahrhunderts eine ganzheitliche Methode zur Entspannung. Er integrierte seine Kenntnisse und Erfahrungen mit Hypnose und fernöstlichen Meditationsmethoden.

Patienten berichteten Schultz nach einer Hypnose über einen wohlig-warmen und entspannten Zustand sowohl im körperlichen als auch im geistig-seelischen Bereich. Diese eher zufälligen Erkenntnisse baute Schultz zu einem standardisierten Verfahren aus, das er zunächst *konzentrative Entspannung* nannte, später aber in *Autogenes Training* umbenannte. Konzentrative Selbstentspannung ist eine gelenkte geistige Sammlung, eine Hinwendung zum eigenen körperlich-geistigen Geschehen. Alle aufkommenden Gedanken oder Gefühle werden akzeptiert, aber sie stehen nicht mehr im Zentrum unserer Wahrnehmung. »Wie Wolken am Himmel ziehen sie vorüber, bis sie am Horizont verschwunden sind.«

Diese zwanglose Hinwendung zum eigenen Selbst wird *Einstimmung* genannt und ist der Einstieg in das Autogene Training, das mehr bewirkt als nur Entspannung. Autogenes Training ist als therapeutisches Verfahren umfassend wissenschaftlich untersucht und in seiner Wirkung bestätigt. Es dient als Gesundheitstraining der Gesundheitsförderung und -erhaltung, es eignet sich als Prophylaxe und Therapie.

Der Einstimmung folgt die *Ruhetönung* mit ihrer *Ruheformel.* »Ich bin (ganz) ruhig«, diese Formel wird wiederholt, ohne Zwang oder Anspruch innerlich gedacht, vorgesprochen. Diese Ruheformel kann auch unabhängig vom täglichen Üben des Autogenen Trainings in fast jeder Lebenslage genutzt werden. Die Ruheformel denken, sich innerlich vorsagen, ermöglicht in kurzer Zeit eine fühlbare Entspannung. Das wirkt sich auch auf die Atmung aus, sie wird ruhiger und gleichmäßiger und die durch Stress verursachte Flachatmung korrigiert.

Die Atmung wird im Autogenen Training innerhalb der Organübungen mit einer eigenen Formel angesprochen. Das vegetative

Nervensystem reagiert fast augenblicklich auf eine bewusste tiefe und ruhige Atmung.

Nach der Ruhetönung folgen die *Schwereübungen.* Die Formeln: »Meine Hände sind (ganz) schwer«, gefolgt von »meine Arme (Füße, Beine, Nacken, Schultern) sind schwer« und »der ganze Körper ist schwer« führen zur Muskelentspannung im jeweils angesprochenen Körperteil. Da durch die Autosuggestion die Eigenleistung aufgehoben ist, fühlt sich die entspannte Muskulatur schwer an.

Danach folgen die *Wärmeübungen.* Durch Formeln wie »meine Hände (Arme, Füße, Beine, Nacken und Schultern) sind warm, der ganze Körper ist warm« wird die feine Gefäßmuskulatur entspannt, erweitert und besser durchblutet. Die Wärmeempfindung zeigt dem Übenden, dass er entspannt ist.

Nun noch kurz zu der *formelhaften Vorsatzbildung.* In diesem Buch sind Affirmationen in die Phantasiereisen, Geschichten und Märchen eingebunden oder stehen am Ende. Diese Leitsätze sind von großer therapeutischer Wirksamkeit. Sie nutzen auch die Kraft des positiven Denkens, den festen Glauben an seine eigenen Kräfte und Energien.

Diese positive Selbstbeeinflussung durch das Autogene Training führt zur *Umschaltung* des vegetativen Nervensystems und wirkt somit auf die Funktion der Organe. Dis- und Fehlfunktionen durch Stress und Belastungen können aufgehoben werden.

Autogenes Training stärkt das Immunsystem und die Belastbarkeit. Es führt zu innerem Gleichgewicht und verbessert die Lebensqualität. Geduld und viel Üben sind jedoch die Voraussetzungen zum Erfolg.

Die Übungsformeln werden bald wie ein Code im Unterbewusstsein verankert sein und können von dort jederzeit und überall erfolgreich abgerufen werden. Dieses Wissen und die Erfahrung stärken das Selbstvertrauen, Selbstwertgefühl und die Selbstsicherheit. Der Übende bleibt äußeren und inneren Belastungen nicht schutzlos, als Objekt, ausgeliefert, sondern er wird im Sinne eigener Interessen handelndes Subjekt.

»Wenn der Wind über Traumwiesen weht« vermittelt viele Formeln und (Atem-)Übungen lustvoll und spielerisch. Sie sind Ergänzung und Erweiterung der anregend-entspannenden, märchenhaft-poesievollen Phantasiereisen zum Entspannen und Träumen.*

---

* Ausführlich gehen auf diese Themen auch meine Bücher »Bewusster Leben durch Autogenes Training und richtiges Atmen« (rororo Bd. 61188) und »Inseln der Ruhe – ein neuer Weg zum Autogenen Training« (Kösel-Verlag sowie Fischer Taschenbuch Bd. 12274) ein.

Phantasiereisen

Die poetische Sprache dieser Geschichten, phantasievoll und phantasieanregend, dient als Medium. Die Wort-Bilder sind sowohl sinnlich-emotionale Anregungen als auch Transfer für die therapeutischen Formeln und Impulse des Autogenen Trainings. Seine Ruhe-, Schwere-, Wärme- und Atemübungen sind so in den Text eingebunden, dass sie vom Zuhörenden leicht »empfangen« werden können. Sie wirken auch auf Menschen, die über keine Vorerfahrung mit Autogenem Training verfügen. Durch Imagination und Visualisierung wird der Zuhörende sowohl beim Vor- als auch beim Selberlesen sanft in die Welt der Phantasie geleitet, und er erlebt bald einen tiefen Entspannungszustand.

Jeder Mensch verfügt über ein großes, oft wenig genutztes Potenzial an intuitiver Vorstellungs- und Gestaltungskraft. In einem meditativen Zustand, einem Zustand großer Ruhe, ist ein kreatives Gestalten innerer Bilder und Gefühle möglich, hierbei werden Bewusstseinsinhalte freigegeben, die nur begrenzt rational oder intellektuell kontrolliert und gefiltert werden. Aus der Psychotherapie kennen wir den Begriff der Introspektion, der Innenschau. Sie ermöglicht eine vertiefte Eigenwahrnehmung und bessere Kommunikation mit sich selbst. Die konzentrierte, aber unangestrengte innere Bilderschau durch Imagination, Visualisierung kann auch eine Hilfe bei individuellen Problemlösungen sein.

Alle Geschichten dieses Buches eignen sich ebenfalls als Gute-Nacht-Geschichten. Es entsteht zwischen dem Vorlesenden und Zuhörenden ein emotionales Band, das durch Gespräche über Erfahrung und Gefühle während der Geschichten noch verstärkt wird. Das gemeinsame Erleben kann zu einem neuen anregend-entspannenden Austausch werden.

Übungshilfen zum Entspannen mit Phantasiereisen (mit Autogenem Training)
- Nehmen Sie sich Zeit.
- Haben Sie Geduld, viel Geduld.
- Wählen Sie einen nicht zu hellen, aber ruhigen Raum.
- Schalten Sie Störquellen möglichst aus.

- Atmen Sie tief ein und langsam wieder aus.
- Liegen oder sitzen Sie gelöst und entspannt.
- Sie fühlen sich auch »körperlich« – den Körper als Teil Ihres Selbst, und damit fühlen Sie sich »selbst-bewusst«.
- Der/die Vorlesende liest langsam, ruhig, nicht zu laut, mit »Schonstimme«.
- Die *kursiv* gedruckten Formeln aus dem *Autogenen Training, Atemberuhigungen* sowie *formelhafte Vor- und Leitsätze* können etwas akzentuiert werden.
- Klären Sie vorher, ob die oder der Zuhörende nach der Geschichte noch ein wenig weiterträumen oder Musik (CD: *Wenn der Wind über Traumwiesen weht*, bei Kösel, München) hören möchte.
- Nach meditativen oder Entspannungsübungen folgt immer die *Zurücknahme:* also tief durchatmen – sich kräftig recken und strecken – die Augen wieder öffnen – so sind Sie wieder frisch und fit.
- Die Geschichten dieses Buches eignen sich auch als Gute-Nacht-Geschichten. Sie sind eine gute Einschlafhilfe und verbessern die Schlaftiefe zu einem erholsamen Nachtschlaf. Hier erübrigt sich dann natürlich die Zurücknahme.

Wiese

Du bist auf einer großen, weiten Wiese –
du läufst durch diese Wiese –
du spürst unter deinen Füßen das Gras –
es ist biegsam, weich, sommerwarm –
du hast Lust, dich ins Gras zu legen –

Du spürst das Gras unter dir, wie eine weiche Decke –
du siehst die Gräser, viele Arten –
siehst Blumen dort –
kleine Käfer krabbeln gemächlich –
du riechst das Gras, die Erde –
ein Schmetterling schaukelt an dir vorbei –
du siehst, wie schön seine Färbung ist –
die Zeichnung seiner Flügel,
    ganz aus Samt scheinen sie zu sein –

Du hörst die Bienen summen und schwirren –
du schaust zum Himmel –
du siehst dort oben viel –

Du bist ganz ruhig, gelöst, entspannt –
Ruhe durchströmt dich –
du bist ganz ruhig und entspannt –

Berg

Nach einer langen Wanderung bist du auf dem Gipfel eines Berges
    angekommen –

Um dich herum ist Ruhe – klare Luft –
du fühlst dich wohl –
du bist etwas müde – deine Glieder sind schwer –
du ruhst dich aus –

Du schaust dir die Umgebung an –
du siehst die Erde, das Gras, Blumen –
kleine Käfer spazieren gemächlich von Grashalm zu Grashalm –
du hörst das Schwirren und Summen der Mücken und Bienen –
du fühlst das Gras, die Erde unter dir –
deine Beine strecken sich müde im Gras aus –

Du siehst die weitere Umgebung –
du siehst dir alles genau an –

Weit unter dir siehst du Wald, Wiesen, Felder –
Wasser, vielleicht einen kleinen Fluss oder See –

Du siehst zum Horizont –

Du schaust zum Himmel –

Siehst du Wolken?
dann schau nach ihren Formen und Farben –
du siehst, wie sie am Himmel ziehen –

Du siehst einen großen Vogel –
mit weit ausgebreiteten Flügeln zieht er große Kreise –
ganz ruhig kreist er –

Du spürst diese Ruhe – die Ruhe ist auch in dir –
du bist schwer, warm, gelöst und ruhig –
der Atem geht ruhig und gleichmäßig –
du bist ganz ruhig und entspannt –

Boot

Du bist auf dem Meer in einem Boot –
du liegst im Boot, *spürst den warmen Boden aus Holz* –
der Geruch des Holzes, sonnenwarm, ist angenehm –
du spürst das sanfte Schaukeln des Bootes –
auf und ab – auf und ab –
du spürst deinen Atem dem Rhythmus gleich –
auf und ab – ist ein und aus –
Ruhe ist in dir –
du bist schwer, warm, gelöst und ruhig –

Du hörst die Wellen leicht gegen das Boot klatschen –
das Plätschern ist ganz beruhigend –
du bist ganz ruhig und entspannt –
du hörst das Rauschen des Meeres –

Riechst du das Meer?

Du schaust zum Himmel –

Siehst du Wolken?

Du lässt dich treiben –
du bist ruhig, gelöst, entspannt –
es gibt nichts, was dich stört –
du fühlst dich wohl in deiner Haut –

Du bist ganz ruhig und völlig entspannt –

Regentropfen

Du sitzt am Fenster –
der Tag neigt sich dem Ende zu –
Ruhe um dich herum – Ruhe in dir –

Das Brausen der Großstadt dringt gedämpft zu dir –
es stört dich nicht –
du spähst hinaus –
das Licht ist schon gebrochen –
der Himmel ist tief verhangen mit schweren, grauen Wolken
es regnet –
unablässig rinnt der Regen herunter –
du verfolgst die Ketten aus tausend schimmernden Perlen –
Regentropfen –
durch die Lampen der Straße funkeln sie manchmal wie
  Kristalle –
sie platzen auf glänzend dunklem Asphalt –
sie rinnen von der Straße dem Gehsteig zu –
dort treffen sich viele – sie werden zu einem Rinnsal –
das Rinnsal wird zu einem kleinen Fluss –
er fließt am Gehsteig eilig entlang –
du kannst nicht sehen, wo er endet –
nicht, wohin die Millionen Tropfen fließen –

Du träumst dir ein Ziel –

Du bist ganz ruhig –
du fühlst dich wohl –
du lässt deine Gedanken und Phantasie ganz frei –
Ruhe ist in dir –
dein Atem geht ruhig und gleichmäßig –
du bist ganz ruhig und vollkommen entspannt –

Floßfahrt

Du bist auf den Flügeln deiner Phantasie in ein fernes Land
  geflogen –
inmitten riesiger Regenwälder –
liegst du auf einem Floß –
du spürst das Holz – es *ist warm und ruhig* –

Das Floß schwimmt auf dem Strom, der umsäumt ist von Reihen
  dichter Bäume –
sie spiegeln sich im Wasser –
du siehst die Bewegung des Wassers –
ruhig sind die Wellen – die kleinen Strudeln gleich sich flink
  bewegen –
dein Atem geht ruhig – du atmest ein und aus –
ein und aus – den Wellen gleich –

Du hörst Geräusche – viele – hell und dunkel –
du ahnst mehr, als du weißt, welche Tiere es sind –
Affen – Vögel – Leoparden –

Ganz lebendig ist der Wald –
es rauscht und raschelt, faucht und zirpt –
warm ist dir und ganz wohl –
es ist so fremd, dieser Fluss und Wald, das Land –
du riechst das Laub, den Moder, das Wasser und die Luft –
bunte Vögel sitzen wie Farbtupfer im Geäst –
Schmetterlinge – tellergroß –
Blüten, wie aus Wachs so unversehrt –
Affen schwingen sich an Lianen von Baum zu Baum –
sie folgen dir neugierig –
ganze Herden sind deine Begleiter –
sie schaukeln, schwingen wie dein Atem – hin und her, hin und
  her –

Trotz all dem Fremden, Unbekannten, *fühlst du dich wohl* –
du bist ganz ruhig, gelöst, entspannt –
dein Floß wiegt sich weiter auf dem Fluss

Du bist ganz ruhig, gelöst, entspannt –

Drachenfliegen

Du stehst auf einem hohen Berg –
du siehst weit ins Land –
dein Blick verliert sich fast am Horizont –

Es sind noch viele Berge und Hügel ringsherum –
so viel Formen und Farben –

Dein Blick wird gefesselt von einem seltsamen Gebilde –
du gehst näher –
siehst bunte Flügel an Eisenstangen
ein Drachenflieger oder -segler –

Du bist neugierig –
du lässt dich im Gestänge dort nieder –
bist fest verbunden und fühlst dich sicher –
nun läufst du los – hebst ab –
du gleitest langsam durch die Luft –
die Luft rauscht um deinen Körper –
berauschend fast ist das Gefühl –
du schwebst – nein – du fliegst –
du segelst ohne Angst durch den Raum –
du bist ganz frei und hoch über allem –
es ist ganz unbeschreiblich –

Du fühlst dich wohl –
eine tiefe Ruhe ist in dir –
nichts, nichts belastet dich –
du bist frei –

Du schaust und schaust und schaust –
dein Blick wird nirgends festgehalten –
er ist losgelöst von all der Enge sonst –

Du bist ganz ruhig und entspannt –
eine große Ruhe ist in dir –

Unter Wasser schwimmen

Du bist an einem Strand einer kleinen, grünen Insel –
weit weg von deinem Alltag –
Ruhe, Stille um dich herum – in dir –

Das Wasser schimmert verlockend vor dir –
es ist warm, es zieht dich zum Wasser hin –
du gleitest hinein ins Wasser –

Wie durch einen Zauber fühlst du dich schwerelos –
du kannst schwimmen – tauchen wie ein Fisch –
warm ist das Wasser – ganz warm –

Sacht gleitest du tiefer –
du schwimmst wie ein Fisch – sicher und leicht –
du fühlst dich leicht und wohl und sicher –
um dich herum ist Stille –

Du spürst das Wasser, wie es sich um deinen Körper leicht
  bewegt –

Fische sind dir ganz nah –
Schwärme von bunten, schillernden Fischen –
viele Formen und Farben –
du siehst Korallenbäume, grüne Pflanzen, Algen –
du tauchst bis zum Grund –
du siehst so vieles –

Du fühlst dich leicht und lebendig
du gleitest, schaust und schaust –

Langsam gleitest du wieder nach oben –
Helligkeit schimmert über dir –
du siehst ein Boot –
du schwingst dich hinein – liegst auf dem Boden –
auf dem Boden aus Holz *liegst du schwer, warm und gelöst –*
dein Atem geht ruhig –
du bist ganz ruhig und entspannt –

Kugel am Baum

An einem großen, alten Baum hängt ein rundes Etwas –
es ist dick, prall und glänzend –
ich seh es deutlich –
doch weiß ich nicht so recht, was es wirklich ist –
ist es die Frucht des Baums? ein Nest?
ich schau's mir an und denk darüber nach –

Mir fällt so auf, dass meine Sorgen wie eine Kugel
    fest und verschlossen in mir sind –
es ist so viel, was mich bedrückt –
es kommt zusammen zu einer Kugel –
glatt und unangreifbar – geschlossen – verschlossen –
ich seh die Kugel an dem Baum und seh …

Es bewegt sich was –
die Kugel kommt in Bewegung –
sie scheint sich auszudehnen – zu wachsen –
und plötzlich geht ein Riss durch ihre Hülle –
sie platzt – etwas wie Dampf entweicht –
sie fällt in viele Stücke –
und an der Stelle, an der die Kugel saß,
  wächst eine Blüte – prächtig schön –
sie öffnet sich ganz langsam –
sie ist sehr schön – ein wenig fremd –
je mehr ich schau, umso vertrauter wird sie mir –

Ich fühl in meiner Brust den Druck verschwinden –
meine Kugel springt auf –
sie platzt vielleicht –
an ihrer Stelle wird was Neues wachsen –

Ich bin ganz sicher – zuversichtlich –
ich glaub daran –
ich bin jetzt ruhig und gelöst –
ich bin ganz ruhig und vollkommen entspannt –

Der gläserne Schmetterling

Nach einer langen Wanderung durch einen Wald –
durch Tannen, Buchen und helle Lärchen –
durch Büsche, auf kleinsten Pfaden,
  bist du zur Rast auf einer kleinen Lichtung –
hohes Gras, blühender Holunder
  duftend um dich herum –
du legst dich hin, um auszuruhen –
ganz schwer sind deine Glieder –
du bist ganz schwer und gelöst –
du bist ruhig und entspannt –

Dein träger Blick trifft auf eine Raupe,
  die am Boden sich schlängelnd vorwärts bewegt –
sie ist ganz pelzig, grau und nicht sehr schön –
du schaust sie an –

Plötzlich gerät sie in Bewegung –
etwas verändert sich –
Flügel wachsen aus ihr heraus –
gläsern in zartem Bunt –
groß und schimmernd –

Die Raupe verwandelt sich in einen Schmetterling aus Glas –
ganz groß wird er, wie aus tropischen Ländern –
er ist so schön – so unbeschreiblich schön –
zart bewegen sich die Flügel –
ein leichtes Zittern geht durch den schlanken Leib –

Er fliegt, zunächst noch zögernd –
macht einen großen Bogen – zieht höher –
langsam entschwebt er in das Blau der Luft – des Himmels –
welch ein Zauber – *du bist ganz still –*
du bist ganz ruhig und gelöst –
du fühlst dich wohl –
du bist ganz ruhig und vollkommen entspannt –

Boot mit gläsernem Boden

Du bist in einem fernen Land –

Du liegst in einem Boot mit gläsernem Boden –
das Meer ist ruhig –
das Boot schaukelt ganz sacht –

Dein Atem geht ruhig – ein und aus – ein und aus –
du fühlst dich gelöst – entspannt –

Du schaust durch den gläsernen Boden –
dein Blick durchdringt das Wasser –
Fische, ganze Schwärme von Fischen ziehen vorüber –
kleine, große, bunte, bizarre –
sie bewegen sich flink –
sie flitzen hin und her –
nach einem geheimen Kommando kehren sie um –
die großen bewegen sich anmutig, langsam –
Seetang schwingt *hin und her – hin und her –*

Du schaust bis zum Grund –
du schaust dir alles an –
du siehst so viel –

Du fühlst dich wohl –
in dir ist eine große Ruhe –
du bist ganz ruhig und entspannt –

Erde

Du liegst ganz flach und fest auf der Erde –
sie ist sommerwarm – du fühlst die Wärme –

Das Gras ist wie eine Decke – zart und duftend –
du fühlst deinen Körper –

Du drehst vielleicht dein Gesicht zur Erde –
Ströme fließen von ihr zu dir –
sie geben dir Kraft und Ruhe –
du fühlst dich stark –
lass die Kraft der Erde in dich eindringen –

Ruhe – unendliche Ruhe spürst du in dir –
du bist ruhig, gelöst und ganz entspannt –

Sand in der Hand

Warmer Sand in deiner Hand –
du spürst seine Wärme bis in deine Seele –

Du hebst die Hand – er rieselt über deine Finger –
er ist warm und zart wie Spinnenweb –

Du fühlst dein Blut – lebendig und warm –
du fühlst dich wohl –

Eine große Ruhe ist in dir –
Ruhe – Ruhe – Ruhe –

Sterne

Sind Sterne nur leuchtende Punkte?
verbirgt sich Licht und Leben in ihnen?
sie sind so weit, unendlich weit –

Ich kann euch nicht berühren –
ich möcht einen Stern –
für mich allein –
keiner soll ihn sehen – keiner ihn berühren –
ich steck ihn ganz tief in meine Truhe –
bin ich traurig oder fröhlich, hol ich ihn heraus –
sein Strahlen hüllt mich ein –

Er gibt mir Ruhe und viel Kraft –
Ruhe – Ruhe – Ruhe –

Der Tag vor Heiligabend

Aufwachen nach Tagen nebligen Lichts –
Die Fenster, monochromen Bildern gleich,
blau, ungetrübtes Blau,
es sinkt förmlich in die Seele ein –
Die Stimmung wird hell, vertreibt das letzte Dunkel –

Es ist der Mittag vor Heiligabend
Spontaner Entschluss, Fahrt in den Taunus,
raus aus der lauten Stadt –
Hochtaunusstraße leer, wo sonst die Blechlawinen rollen –
Woanders weiß ich Menschen in Hast,
Geschäfte blühen auf der Sehnsucht nach verborgenen Träumen –
Parkplatz in Oberreifenberg,
vertrauter Ort seit Kindertagen –
Der erste Weg führt durch das dunkle Grün ins Weiß des
    Morgentaus –
Lichtstrahlen der Sonne, wie Straßen,
fallen gebündelt durch hohe Bäume hindurch,
direkt vor meine Füße –
Signal aus anderen Dimensionen –
Büsche mugelig rund, mit zuckrig-weißen Hauben –
Gräser, durch Raureif filigran,
trotzen dem Eis –
Geäst voll glitzernder Wasserdiamanten,
getautes Eis, behutsam berühr ich sie,
ein Tropfen fällt auf meine Hand,
er bleibt als funkelnde Perle auf ihr liegen –

Es wird zum Spiel, so viele Wasserdiamanten gehören mir –
Ich steh ganz ruhig, versunken in mein Spiel –
Ich fühle meinen Atem ruhig ein und aus, ein- und ausgehen –
Die Unruhe der letzten Tage fällt von mir ab –
Eine tiefe Ruhe strömt durch meinen Körper, durch Geist und
    Seele –
Ganz plötzlich kommt mir die Idee für ein Buch,

seine Struktur, sogar der Titel steht klar vorm inneren Auge –
Ich bin so froh, ganz heiter –
Ich bin ruhig nun, gelöst, entspannt –
Ich freu mich auf das Fest.

Weihnachtsfeiertag

Zufriedenes Katzenräkeln morgens im Bett –
Frühstück und Zeitung, geliebtes, unverzichtbares Ritual –
Der Anruf einer Freundin, die frohe Festtage wünscht,
ist Signal, Verabredung für einen Besuch der Gräber einiger
    unserer Lieben –
Der Friedhof mehr ein großer, gepflegter Park,
dort ist Ruhe, wenige Menschen sind unterwegs –
Die Windlichter auf den Gräbern sind unser kleiner Weihnachts-
    gruß –
Erinnerungen an viele schöne Stunden, trotz der Kriegszeit,
die die Familie auseinander riss –
Der Mann der Freundin hatte nur vier Jahrzehnte zu leben,
mitten im Alltag Herzversagen –
Wir gehen durch die Gräberreihen,
sehen manches Kuriosum, manches Anrührende, manchen Protz,
waren sie so geliebt, als sie noch lebten?
Durch die menschenleere Stadt schlendern wir dann zum Museum
am Ufer des Mains, an dem die Ausstellungshäuser von Kunst
sich reihen wie teure Perlen auf der Schnur,
Museumsufer, Slogan, mit dem die Stadt sich brüstet,
glänzend verdeckt es manchen dunklen Teil in ihr –
Festtagsstimmung auch hier –
Blumen im Foyer, Kerzenleuchter in den Vitrinen –
Leuchter in vielen Materialien, aus Jahrhunderten
    zusammengestellt,
lassen der Phantasie Raum –
Danach im lichtdurchfluteten Café des Museums mit Blick in den
    Garten,

gute Gespräche bei Kerzenlicht –
Ein erfreulicher Tag, Nachhausekommen in die eigene
  Behaglichkeit,
Ruhe und Stille sind tiefstes Bedürfnis.

Im Dom

Der Dom, von außen grau mit hellen Flecken,
Narben aus vergangenem Krieg –
Innen der Raum schier endlos hoch –
Die Pfeiler leiten wie auf Schienen
den Blick in die Kuppel,
die gotisch kunstvoll verstrebt –
Der Schrein im Allerheiligsten zwei Meter lang,
verfeinerte Gold- und Silberschmiedekunst,
Reliquie und Prunk zugleich –
Macht wird hier sichtbar im äußeren Schein –
Der Dom, nie Ort der Frömmigkeit allein,
macht der Menschen Zwergenhaftigkeit erst deutlich –
Zu allem im Gegensatz der Gekreuzigte,
im Jahr 900 kunstvoll gestaltet,
archaisch streng die Form,
ohne Dornenkrone,
seine Füße nicht gekreuzt,
ein Tuch verschlungen um seine Lenden –
Er berührt mich tief –
Anbetung und Verehrung,
vor über 1000 Jahren von Meistern hier verewigt –
Wer hat in all den vielen Jahren
an diesem Ort schon gekniet, gebetet und gedankt,
um Hilfe angerufen –
An der Orgel übt jemand mit misslichen Tönen,
ich flüchte in eine Seitenkapelle,
die nur dem Gebet und der Meditation vorbehalten ist –

Dort finde ich die Ruhe, die ich brauche –
Die Ruhe des Raumes dringt ein in mein Inneres –
Ich bin leer von jeder Spannung, von Fragen und Wünschen –
Ich bin bei mir,
und nichts, gar nichts stört die Ruhe und meine Harmonie.

Silvester

Ein Abend, der, wie auch immer, besondere Erwartung erzeugt –
In vielen Formen habe ich ihn schon gelebt –
In der Kindheit, in der Ehe damals mit den Kindern und Freunden,
später auch allein in fremden Ländern
mit neuen Menschen, oft wenig vertraut –
Auch dieses Jahr vor Mitternacht Gedanken an Vergangenes,
Vorfreude auf Kommendes,
Entscheidungen sind gefallen, die das Leben sehr verändern
und die meinen Lebensweg nun neu bestimmen –
Kurz vor Mitternacht ein fröhliches Gespräch mit Freunden
im neuen Japan-Zimmer mit Kerzen und Sekt –
Die Fahrt zusammen zur Brücke an den Main,
viele junge Menschen feiern lautstark, fröhlich –
Drei weiße Schiffe, mit roten Lichtergirlanden geschmückt,
gleiten wie Geisterschiffe vor den Eisernen Steg,
die älteste Stadtbrücke mit viel Vergangenheit –
Mitternacht – Silvester,
Korken knallen, Feuerwerk spiegelt sich im Fluss –
Hinter uns die gotische Kirche mit ihrem Geläut –
Knaller erschrecken uns,
die Enten, Möwen und Schwäne flüchten auf die Flussinsel –
Manche Rakete versinkt zu früh im Wasser,
Ringe ziehen sich dann um sie herum –
Küsse, Umarmungen, gute Wünsche –
Etwas wehmütige Gedanken an vergangene Lieben –
Doch dann freu ich mich über die bunten, platzenden Sterne
die für kurze Zeit den Himmel schmücken –

Ich fühle mich wohl, ein wenig überrascht,
dass nicht mehr Melancholie zu spüren ist –
Wie wird's wohl werden, dieses neue Jahr?
Pläne, Hoffnungen und klitzekleine Ängste?
In guter Stimmung fahren wir nach Hause,
jeder in sein eignes Heim –
Ich bin jetzt allein, aber nicht einsam,
die Kinder, Freunde, ein paar liebe Verwandte,
sie geben Halt und auch Geborgenheit –
Ich habe keinen Grund zu klagen.

Sonntagmorgen im neuen Jahr

Sonntäglicher Gang durch die Stadt,
die ohne Werktagsmenschen sich ganz anders gibt –
Der Platz vor dem Römer, dem Rathaus dieser Stadt,
umringt von einem Sammelsurium an Baustilen –
Justitia, auf dem Brunnen in der Mitte dort,
hält sich vor Schreck die Augen zu –
Die rekonstruierten, umstrittenen Zuckerbäckerhäuschen,
überragt vom Dom,
der den letzten und all die anderen Kriege
äußerlich fast unversehrt überlebte –
Die alte Brücke, der Eiserne Steg,
überspannt wie eh und je den Main,
den Fluss, der die Stadt in zwei ungleiche Teile trennt –
»Drüben« das viel gerühmte Museumsufer –
Das Flussufer, Nizza benannt, sandige Wege mit viel Grün
    gesäumt –
Bänke zwischen Blumenrabatten am Fluss,
die zu freiem Blick auf die Stadt einladen,
deren Silhouette wie ein Scherenschnitt vor dem Himmel steht –
Nebeneinander von Altem und Neuem bestimmt das Bild –
Grausilberne Bankhochhäuser, warmes Rotbraun der alten
    Kirchen –

Trotz Großstadt eine Idylle –
Ich sitze auf einer dieser Bänke, schaue in den Fluss,
der trübe, langsam vorüberfließt –
Undenkbar, dass der Großvater hier noch schwimmen
    konnte –

Mein Blick bleibt am Wasser hängen,
das Gleichmaß des Strömens verbreitet Ruhe –
Ich spüre, wie mein Atem ruhig wird.
Er ist ganz ruhig – fließt ein und aus, ein und aus –
Ruhig und gleichmäßig ist er geworden –
Die Ruhe ist in Körper, Geist und Seele –
Die Seele ist still, lässt allen Kummer ruhen.

Gertrudiskapelle

Der schmale Weg windet sich wie eine sandfarbene Schlange
den Berg hinauf –
Oben steht sie, die kleine Kapelle, der Gertrudis geweiht,
mit gutem Überblick, Rundblick, Einblick –
Sie erinnert mich an meinen Holzbaukasten in der Kindheit,
bemalte kleine Häuser, Kirchen, Bäume, Menschen und Tiere
ließen viele Spiele der Phantasie zu –
Einige hohe Tannen stehen um das Kirchlein herum –
In der Umfassungsmauer der steinerne Kreuzweg mit dreizehn
    Stationen –
Hölzerne Bänke sind reichlich vorhanden,
du kannst dir deinen Ausblick – Anblick – wählen –
Das Auge kann ungehindert verweilen,
mal auf dem Himmel, mal unten auf dem Tal, auf Bäumen oder
    Wiesen –
Es ist ein Platz, so recht geschaffen für Rast und Ruhe –
Meditieren wird hier absichtslos und selbstverständlich –

Du kommst bald zu innerer Ruhe
und fühlst, wie dein Atem ruhig wird –
Lass ihn geschehen, lass ihn ein und aus, ein und aus ruhig
  fließen –
sein Maß ist Ruhe, nichts als Ruhe –
Du spürst, wie dein Inneres sich entspannt –
Körper, Geist und Seele finden Ruhe –
Störende Gedanken an das Draußen
fallen wie schwere Steine von dir ab –
Der Alltag rückt weit weg –
Du bist ganz bei dir in gutem Gleichgewicht,
genießt den Ausblick und den Blick nach innen –
Ruhig, ganz ruhig fühlst du dich, gelöst, entspannt –
Genieße die Stille in dir und um dich herum –
Beruhigt gehst du von hier zurück in deinen Alltag.

Steinkreise

Du sitzt gelöst und ganz entspannt in deiner Phantasie an einem
  kleinen See –
Die Sonne spiegelt sich im Wasser,
das silbern funkelt und glitzert –
Um dich herum liegen Steine in vielen Formen,
manche glatt und manche kantig –
Du wählst dir einen Stein, der dir gefällt,
fühlst ihn in deiner Hand, warm und angenehm –
Du wirfst ihn ins Wasser –
Du siehst ihn versinken und siehst den Kreis, den er nun bildet –
Der Kreis wird größer, immer größer –
Er dehnt sich aus bis an das nächste Ufer –

Ruhig wirst du, ruhig und gelöst –
Dein Atem geht ruhig ein und aus.
Der Atem geschieht. »Es atmet dich« –

Zauberwolke

Du siehst in deiner Phantasie den Himmel über dir –
Wolken ziehen gemächlich vorüber, ohne Hast und Eile –
Wolkenbilder und Gesichter sind zu sehen –
Sie gleiten lautlos am Himmel,
immer weiter auf ihrer großen Reise um die Welt –
Du suchst dir eine Wolke aus, die dir besonders gut gefällt –
Es ist eine, deine Zauberwolke –
Alles Schwere, Belastende, Störende, alle Ängste und Sorgen,
sogar Schmerzen kannst du in die Wolke werfen –
Die fliegt damit weiter, immer weiter, bis sie aus den Augen, aus
    dem Sinn dir kommt –
Weit ist sie geflogen, verschwindet am Horizont –

Du fühlst dich wie befreit, leicht und frei fühlst du dich.
Befreit und ganz gelöst –
Du fühlst dich wohl und träumst ein wenig weiter.

Frühlingswiese

Du bist in deiner Phantasie auf einer großen Wiese –
Es ist Frühling. Viele bunte Blumen blühen im dichten Gras –
Die Bäume sind über und über mit Blüten bedeckt –
Du spürst unter deinen Füßen das Gras –
Vögel singen, Bienen summen. Ein Schmetterling schaukelt
    vorüber –
Du sitzt oder liegst unter einem blühenden Baum –
Die Sonne scheint *und wärmt dich aufs Angenehmste* –
Das Blau des Himmels schimmert durch die Äste –
Ein paar weiße Wolken ziehen gemächlich vorüber –
Mit ihnen ziehen deine Gedanken,
sie ziehen weiter und weiter –
bis sie am Horizont verschwunden sind –

Eine große Ruhe durchströmt dich.
Sie strömt durch Körper, Geist und Seele –
Du fühlst dich wohl und träumst ein wenig weiter.

Sommerweizen

Du sitzt in deiner Phantasie auf einer Bank am Waldrand.
Die Sonne scheint. *Du fühlst ihre Wärme auf deinem*
    Körper –
Du siehst eine weite Landschaft vor dir. Dein Blick ist
    unbegrenzt –
Weit bis zum Horizont kannst du schauen –
Vor dir liegen Wiesen und Felder –
Neben grünen Wiesen siehst du ein Feld mit Sommerweizen
    vor dir –
Die Ähren wehen sanft im Wind hin und her, hin und her –
Wie große, sanfte Wellen weht das reife Korn hin und her –

Du fühlst, wie sich dein Atem dem ruhigen Schwingen des
    Sommerweizens anpasst. Sanft geht er ein und aus.
Er kommt und geht, ruhig und gleichmäßig –
Dein Atem geschieht in großer Ruhe –
Eine große Ruhe durchströmt dich –
Sie erfüllt deinen Körper, Geist und deine Seele –
Du träumst ein wenig weiter.

Teich im Wald

Du siehst in deiner Phantasie einen Teich inmitten eines
    Waldes –
Der blaue Himmel und das Grün der Bäume spiegeln sich im
    Wasser –
Wasservögel rascheln im dichten Schilf –

Eine Libelle schwirrt über das Wasser –
Ihre zarten Flügel schimmern wie feines, buntes Glas –
Auf dem stillen Wasser liegen die großen Blätter der
    Seerosen –
Zwischen dem Grün die noch geschlossenen Knospen –
Die Sonne scheint. Ihre Strahlen berühren den See –
Unter ihrer Wärme öffnet sich eine Knospe ganz langsam –
Sie entfaltet sich zu einer wunderschönen Blüte –
Die voll erblühte Seerose leuchtet in zauberhaften Farben –
Die Farben erfreuen dein Auge,
sie scheinen dich förmlich zu durchdringen.
Friedlich ist es dort. Friedlich und ruhig –

Eine große Ruhe durchströmt dich. Sie füllt dich förmlich aus –
Nichts stört mehr, alles Überflüssige fällt von dir ab –
Nichts belastet, stört dich mehr –
Du genießt die Ruhe, bist gelöst und ganz entspannt.

Drachensteigen im Herbst

Du bist wie in der Kinderzeit auf einer weiten Wiese –
Am Horizont liegen sanft geschwungene Hügel –
Es ist Herbst, die Zeit zum Drachensteigen –
Hohe Bäume und dichte Büsche stehen am Rand der Wiese. Der
    Herbst hat sie bunt gefärbt –
Ein Bach fließt gemächlich durchs Grün. Das Wasser glitzert in
    der Sonne –
Du siehst Steine im klaren Wasser, Steine in allen Farben und
    Formen –
Ein Fisch zieht ruhig seine Bahn –
Du sitzt am Wasser und siehst, wie es mal ruhig,
mal auch springlebendig seinen Weg sich sucht –
Auf der Wiese lassen Kinder bunte Drachen steigen –
Viele schöne Drachen schaukeln zum Himmel –
Du siehst ihre unterschiedlichen Formen und Farben –

Große und kleine Drachen segeln lautlos in der klaren
  Herbstluft –
Vielleicht folgst du einem Drachen auf seiner Reise –

Eine große Ruhe fühlst du –
Es gilt kein Gestern und kein Morgen. Nur das Jetzt und Hier –
Du fühlst dich wohl. Erinnerungen kommen dir in den Sinn. So
  manchen Drachen siehst du fliegen –
Du träumst ein wenig weiter.

Fliegender Teppich

Du siehst in deiner Phantasie einen Palast wie aus dem Märchen von
Tausendundeiner Nacht –
Seine goldenen Kuppeln glänzen im Sonnenlicht –
Pfaue stolzieren auf dem Rasen vor dem Palast,
ihr prächtiges Gefieder ist zu einem großen Rad ausgebreitet –
In blühenden Büschen sitzen bunte Vögel,
selten und kostbar, ihre Farben leuchten um die Wette –
Plötzlich siehst du einen großen Teppich,
seine Muster in leuchtenden Farben ausgeführt. Es ist ein
  Zauberteppich, der dort vor dir liegt –
Du setzt dich darauf, und sanft hebt er vom Boden ab.
Ohne Angst fliegst du höher und höher –
Du fühlst die bunte Wolle des Teppichs unter deinen Händen.
Du vermeinst, dass jede Farbe sich anders anfühlt –
Ruhig und sicher fliegst du auf dem Zauberteppich über die
  Lande –
Die Welt unter dir klein und kleiner –
Die Menschen sind nur noch Punkte und nicht bedrohlich –
Der Wind rauscht, es ist das einzige Geräusch in dieser Welt der
  Ruhe –
Du lässt alles hinter dir, nur die Vögel begleiten dich auf deiner
  Reise –
Du fliegst weiter und weiter, einem geträumten Ziel entgegen –

Eine große Ruhe durchströmt dich, löscht alles andere aus –
Die Ruhe durchströmt deinen Körper, Geist und deine Seele –
Du träumst ein wenig weiter.

Winterbild

Du siehst in deiner Phantasie eine Winterlandschaft vor dir,
eine verschneite Gebirgslandschaft, mit Tälern, Höhen und
   großen Schneefeldern –
Der Schnee glitzert.
Ist es die Sonne oder der Mond, die ihn zum Funkeln bringt? –
Hohe, dick verschneite Berge malen ihre Konturen in die klare
   Winterluft –
Hohe Tannen stehen wie Wächter dort im Schnee –
In der Ferne steigt Rauch auf. Weiß und kerzengerade steigt er
   dem Himmel entgegen –
Du gehst weiter und erreichst eine Berghütte, aus deren Kamin
   der Rauch entweicht –
Skier und Rodel stehen vor der Tür –
Du trittst ein, und dein Blick fällt auf das lodernde Feuer im
   Kamin.
Das Rot und Orange der Flammen zieht dich an.
Du siehst dem Spiel der Flammen zu –
Es knistert und knackt das Holz –
Vielleicht riechst du den Duft des brennenden Holzes –
Ein Duft von Harz, von frischem Tannenwald –

Wohlig warm ist es. Du fühlst dich wohl und warm in deiner
   Haut –
Ruhe breitet sich aus, drinnen und draußen –
Die Ruhe wird tiefer und tiefer –
So lässt es sich gut träumen.

Tanz auf dem Eis

Es ist Winter. Die Welt liegt unter einer dichten Schneedecke,
still ist es, innen und außen –
Die Flüsse, Bäche, Seen und Teiche sind zugefroren –
Das Eis auf dem Teich liegt wie ein Spiegel da.
Die Welt scheint sich darin zu spiegeln.
Du kannst bis zum Grund des Teiches sehen –
Das gläserne Auge des zugefrorenen Teiches scheint wie ein
    Orakel –
Man kann es sicher auch befragen,
mit Hilfe der Phantasie, der großen Magierin –
Plötzlich fühlst du, dass du Schlittschuhe an den Füßen hast –
Du gleitest ohne Mühe, schwebst über das Eis wie eine Fee
    aus dem Märchen –
Herrlich ist es, über das Eis nach wundersamen Melodien zu
    tanzen –
Ohne Angst tanzt du übers Eis, gleitest,
schwebst und fühlst dich wohl –

Wohl fühlst du dich, gelöst und ganz entspannt –
Ruhig sind alle Gedanken geworden –
Die Ruhe breitet sich im ganzen Körper aus und auch in Geist
    und Seele –
Du träumst vom Tanz auf dem Eis und was immer dir
    begegnet.

Blaue Stunde

Sonntagnachmittag –
Die Dämmerung hängt wie ein grauer Vorhang vor den Fenstern –
von weitem hör ich Kirchenglocken zur Vesper läuten –
Kerzen auf dem Tisch, auf der Kommode,
ein freundliches Licht –
bizarre Schatten der Pflanzen an der Decke,
sie bewegen sich wie Lianen, wie Fangarme, zeitlupenhaft –
leise Musik, so leise, dass sie meine Gedanken nicht stört –
Ich sitz in der Ecke der gemütlichen Couch,
die Fenster gegenüber wie Augen nach draußen –
Noch bewegen sich viele Gedanken im Kopf –

Tiefer sink ich in die Polster
und fühle, wie die Ruhe langsam steigt,
von den Füßen, die ganz schwer, in die Beine,
die Arme und die Hände, sie sind aufs Angenehmste
   schwer –
Gelöst, entspannt und ruhig sitz ich da,
der Atem wird ruhig, ruhig geht er ein und aus, ein und aus,
ich muss dazu gar nichts tun –

Teekanne

Du suchst für eine Weile Ruhe?
Ruhe für Körper, Geist und Seele?.
Dann stell dir vor, du sitzt gemütlich in deinem Sessel –
Du hast jetzt Zeit, du nimmst sie dir –
Deine Augen sind geschlossen –
Jetzt stell dir vor, du hältst eine dicke, runde Teekanne
in deinen Händen –
Sie ist so angenehm warm –

Du fühlst die Wärme in deinen Händen,
sie strömt dann weiter in deine Arme –
Hände und Arme sind nun ganz warm –

Du fühlst in deiner Vorstellung,
aus welchem Material die Kanne ist,
fühlst die Struktur, die Oberfläche –
die Form, die Farbe siehst du vor dir –
Schau dir auch einmal die Umgebung an,
in der du mit deiner Kanne bist –

Lass deiner Phantasie nun freien Lauf –
Träum ein wenig weiter –
Dabei fühlst du dich ruhig, gelöst und ganz entspannt –
Dein Atem ist ruhig, fließt durch den ganzen Körper –
Ein und aus, ein und aus, in stetem Gleichmaß, ohne Zwang –
»Es atmet dich« –
Du bist ganz ruhig in Körper, Geist und Seele –
Du fühlst dich wohl, bist ganz in dir.

Baummeditation

Du suchst die Ruhe?
Dann lass dich ein:
Du sitzt vor einem geträumten Baum, ruhig und gelöst –
Sieh sein Wurzelwerk, auch in der Erde, tief verzweigt –
Langsam gleitet dein Blick am Stamm entlang,
du betrachtest die Rinde, ihre Form und Farbe,
betaste in deiner Vorstellung sie mit beiden Händen –
Du fühlst unter deinen Händen sie ganz genau –
Dein Blick geht höher nach oben,
dem ganzen Stamm gilt nun dein Augenmerk –
Noch höher geht dein Blick bis hin zur Krone –
Schau dir alles an –
Die Äste in ihren Variationen –

Denk dir eine Jahreszeit –
Ist es Frühling, Sommer, Herbst oder Winter?
Wirf auch mal einen Blick zum Himmel –
Sind da Wolken?
Sieh ihre Formen und Farben und wie sie ziehen –
Du siehst die Umgebung, in der der Baum hier steht –
Vielleicht kommen Erinnerungen, Gedanken
an gestern, an heute und auch an morgen –

Du bist völlig ruhig, gelöst, entspannt
und träumst ein wenig weiter.

Steinwurf

Du suchst die Ruhe, Stille?
Dann sitz in deiner Phantasie am kleinen See –
Du schaust versunken auf das Glitzern des Wassers,
dem die Sonne Bewegung gibt und Farbe –
Der Wind malt Zeichnungen hinein,
wie tief mögen diese Bilder gehen?
Fallen sie bis zum Grund?
Bilden sich neue Geschichten aus den alten,
oder verändern sich nur die Ränder?
Verlaufen sie wie Strukturen unter dem Mikroskop?

Du sitzt ganz ruhig und entspannt –
Dein Körper ruht schwer und warm –
Du fühlst, wie deine Gedanken sich glätten,
dein Atem wird ruhig, er »geschieht« –
»Es atmet mich« –
Auch die Seele genießt die Ruhe, nicht nur der Körper –

Du wirfst ein Steinchen ins Wasser
und beobachtest, wie sich kleine Wellen darum bilden –
Sie werden groß und größer,

bis sie das andere Ufer drüben erreichen –
Ein kleiner Stein – und solche Wirkung –

Du sitzt und sinnst und fühlst dich wohl –
Die Ruhe strömt durch deinen Körper,
einem Energiestrom gleich.

Frauentreffen

Frauen aus der »Bewegung« der 70er Jahre
treffen sich wieder nach langer Zeit –
Ein Blick zu Hause in den Spiegel,
werden sie mich noch erkennen?
Ich lass die Zeit Revue passieren,
was ist inzwischen alles geschehen?
Der Weg ging weiter, ohne dass ich ihm Einhalt gebieten konnte –
Bindungen brachen auseinander, die Jahrzehnte gehalten –
Kinder wurden erwachsen –
Eigene Weiterbildung, Studium stand im Zentrum –
In der Kneipe dann großes Hallo –
Umarmungen, manche Träne wird schnell zerdrückt –
Euphorisch wird die vergangene Zeit gepriesen,
der Aufbruch, die Veränderungen,
Lust und Leid als Wegbegleiter –
Ein Stimmengewirr, man versteht kaum das eigne Wort –
Doch bald schon wird erkennbar,
wie verschieden die Lebensentwürfe sind –
Man ist versucht, den eignen zu verteidigen,
den andren mild zu kritisieren –
Unterschiede werden deutlich,
die Jahre zuvor das gemeinsame Ziel verwischte –
Rivalitäten, Konkurrenz sind wieder aufgebrochen,
ein wenig Bitterkeit mischt sich in das frohe Treiben,
Wenig wirklich Gemeinsames ist erkennbar –
Höflich, doch mit echter Trauer sag ich adieu,
und weiß, den weiteren Weg muss ich alleine gehen.

Ikebana im Museum

Japan in Frankfurt –
Wie geht das?
Sonntagnachmittag im Museum für Kunsthandwerk
Ikebana aus drei japanischen Schulen –
Demonstration vom klassischen Blumenstellen
bis zur freien Form von heute –
Ikebana – ein meditativer Weg im Zen,
eine Möglichkeit, die Natur vollendet darzustellen
in Gefäßen mannigfaltiger Art –
Hohe Vasen, flache Schalen, Körbe,
Blüten, Äste, Zweige, Schilfgras,
die Möglichkeiten sind unerschöpflich –
Einmal streng, das andere Mal verspielt
in Form und Farben,
doch immer sehr ästhetisch anzuschaun –
Nur eine Blüte im Zentrum –
Konzentration und Spannung –
Hohe, schlanke Gräser als Ausgleich zu der Strenge –
Spannung – Entspannung
auch in der Blumenlandschaft –
Jedes einzelne Naturmaterial erfährt seine Beachtung,
ohne Ablenkung –
Das Außen bleibt draußen,
die Sicht geht nach innen –
Ruhe, Meditation, Entspannung und Erholung
vom Alltagsstress –
Ein Innenbild, gestaltet mit Hilfe der Natur,
wird zum Außenbild im Hier und Jetzt.

Geburtstag

Manche Geburtstage sind wie Wendemarken –
Einige ziehen vorüber wie Schneeflocken, so leicht –
Andere wiegen schwerer, sie haften, sind klebrig,
lassen Gefühle von Wehmut zurück –
Ist etwas vorbei, endgültig abgeschlossen?
Jugend, Begeisterung, Hoffnungen –
Bilder, die andere malten –
Grenzen, die andere steckten –
Wir ordnen neu, rechnen hoch –
Hocken hinter unseren Schanzen –
Die Sicht wird klarer –
Strukturen liegen offen –
Wunden werden vernarben,
wir wissen es jetzt –
Freundschaften, Menschen, die uns begleiten,
und sei es nur ein Stück des Wegs –
Wir halten nicht mehr fest –
Wir lassen los –
Was bleibt, hat Wert.

Rückblick

Es ist ein Leben, heiter oft, hellblau, selten grau –
Trauer und Schatten halten sich in Grenzen –
Kinder, Beruf und Freunde sind Halt gebende Stützen, keine
    Krücken –
Spannungen – positive und negative,
Widersprüche gehören zu einem lebendig gelebten Leben –
Neugierig oft wie ein Kind erwarte ich den nächsten Tag,
die Sinne auf Empfang gestellt –
Ich schmecke, rieche, fühle,
kaue mit bittersüßem Genuss auf meinem Leben herum –
Die Zeit ist roh und sehr bedrohlich –

Angst vor neuen Kriegen,
dabei die Erinnerung an den letzten großen,
den ich als Kind voller Angst erlitten habe –
Das Leid der Mutter, als der Sohn vermisst,
dann in Gefangenschaft sehr lange war –
Ihre Schmerzen, die nicht nur die Seele,
die ihren Körper tödlich kränkten –
Sie schrie und krallte sich an Hoffnung –
Oft sah sie das Kind kaum in ihrem Gram,
es war für sie kein Trost –
Doch auch diese Zeit ging vorüber –
Es gibt eine Trauer, die nicht heilt,
doch rückt sie aus dem Zentrum –
Ich will heute leben – trotz allem weiterleben –
Jeder Tag eine Verpflichtung, doch auch Geschenk –
Das wickle ich dann aus, als sei's ein buntes, süßsaures Bonbon,
das leider auch die Zähne kränkt.

50. Geburtstag

Ein Tag, der lange schon vorbereitet –
Die Überlegung, Fest oder innere Einkehr? –
Doch lieber Fest, mit Kindern, Freunden,
Weggenossen über lange Zeit –
Die Planung, Ausrichtung erfordert viel Geduld und Mühe –
Der erste Gast noch Freude,
doch bald der Zweifel, warum all dies Geplauder? –
Jeder sucht nur den, der ihm bekannt –
Gemeinsame Spiele wenig gefragt –
Essen am Buffet – viel Lob –
Besinnung, Gedanken über einen langen Weg,
der oft steinig, holprig – Ziel im Nebel –
Nur ich allein?
Inmitten aller Freunde einsam?
Mir fehlt die Freude,

wenig Stolz auf Vollbrachtes –
Doch Vorfreude auf Kommendes –
Wie wird der Weg wohl weitergehen?
Was wird am Wegrand stehen?
Ein wenig Angst, was kommt nachher?
Jugend ist schon Vergangenheit,
die Zukunft bestimmt durchs Alter –
Der weitere Weg, wird er krumm und bucklig sein,
der Spiegel des Ichs Flecken kriegen? –
Doch neues Wissen, Erkennen,
sich seiner selbst endlich sicherer fühlen,
werden gute Wegbegleiter sein –
Wird alte Liebe überdauern?
Wird sie kommende Veränderungen ertragen?
Fragen über Fragen –
Doch eines überwiegt all die Zweifel,
die Freude und die Neugier auf die Zukunft.

Reiseimpressionen

Die *Reiseimpressionen* (innerhalb der Phantasiereisen) sind persönliche Reiseeindrücke. Man muss die beschriebenen Orte nicht kennen, um den Zauber vieler Orte und die entspannende Wirkung, auch der eingebundenen oder angefügten therapeutischen Ruheformeln des Autogenen Trainings, zu erfahren.

Eigene Reisen des Lesenden werden wieder lebendig, mit eigenen Bildern und Gefühlen »wieder belebt«.

Auf Reisen verlasse ich mich bei der Dokumentation aller Eindrücke ganz auf mein inneres Auge, kein Foto- oder Filmapparat begleitet mich.

Die Arbeit, eine Reise lückenlos fotografisch dokumentieren zu wollen, steht dem Entspannen, Erholen, Genießen im Wege. Die Muße fehlt – ein wesentliches Element im Urlaub. Die durch das Objektiv des inneren Auges festgehaltenen Erlebnisse und Stimmungen einer Reise lassen sich später im oft hektischen Alltag auf die »innere Leinwand« projizieren und eignen sich auch zu zwanglosen Meditationen. Sie werden zu Ruheinseln, Atempausen für strapazierte Nerven, die den Kureffekt einer gelungenen Reise erneut fühlbar werden lassen.

Insel

Du bist auf einer Insel mitten im Ozean –
Stille umgibt dich – Ruhe –

Sonne – du spürst ihre Wärme –
du fühlst sie auf deinen Händen und Armen –
die Sonne scheint – auf deine Füße und Beine –

Du läufst mit bloßen Füßen am Strand entlang –
du spürst den Sand warm an deinen nackten Sohlen –
die Wärme strömt durch deinen Körper –
Ruhe – Wärme – Ruhe – Wärme – fühlst du –

Das Meer liegt vor dir –
die Wellen bewegen sich auf und ab – auf und ab –
dein Atem gleicht sich dieser Bewegung an –
auf und ab – auf und ab – gleich ein und aus – ein und aus –
Atemberg und Atemtal gleich Wellenberg und Wellental –
auf und ab – auf und ab –
dein Atem geht ruhig und gleichmäßig –
»es atmet dich« – der Atem geschieht –

Hinter dir sind blühende Büsche, Bäume, Palmen –
grünes Dickicht – undurchdringlich?
du willst da durch –
du bist neugierig – mutig?
du willst sehen – erleben –

Du hörst Geräusche, Vögel, Zikaden, Tiere –
du bist ganz mutig – du durchdringst das grüne Dickicht –
Düfte – süß – geheimnisvoll –

Wärme – Licht – Helligkeit nun –
du bist ganz ruhig – gelöst – entspannt –
du fühlst dich warm und wohl –
du bist ruhig und entspannt –

Küstenstraße

Du bist auf einer Ferieninsel –
weitab vom hektischen Betrieb –

Diese Insel, sie ist ein Traum, so schön –
Küstenstraße hoch über dem Meer –
Steilküste aus grauem Stein –
das Land durchzogen von viel Grün –
dem Grün der Pinien – der Olivenbäume –
Olivenhaine – soweit das Auge reicht –
unendlich viele Bäume –
unzählige Zeugen bewegter Jahrhunderte Geschichte –
wie viele Generationen dieser Inselbewohner haben hier
    geerntet –
tausend Formen kannst du sehen –
knorrig, seltsam und bizarr –
jeder Baum hat eine eigene Gestalt –
Fabelwesen, umschlungene Paare, Tiere, Gesichter –
du wirst es nicht leid, die Formen, oft wie verhaucht, zu
    erspüren –
sie scheinen lebendig –
sie erzählen dir Geschichten, ihre Geschichte –

Du gehst die leere Straße an der Küste entlang –
selten überholt dich ein Wagen –
ein Duft ist in der Luft – wie belebend –
es ist, als sei der ganze Sommer darin eingefangen –
Grillen gehören dazu – das Zwitschern der Vögel –
wie auf ein geheimes Zeichen
    verstummen die Zikaden –

Still ist es – ganz still –
du fühlst die Stille – die Stille ist auch in dir –
du bist ganz ruhig –
du fühlst dich wohl –
nichts ist da, was dich bedrückt –

Klippe

Du sitzt auf einer Klippe hoch über dem Meer –
du schaust weit über das blaugrün schimmernde Meer –
der Himmel wölbt sich wie ein hohes Zelt
   über die glatte Fläche des Wassers –
am Horizont vermischen sich die Farben von Himmel und
   Meer –
Dunst liegt über ihrem Schnittpunkt –

Um dich herum alte, uralte Olivenbäume –
durch die Jahrhunderte seltsam und bizarr geformt –
die Rinde rissig und rau –
die Blätter grün, von Grau wie überstaubt –
die Früchte fest und glänzend –

Ginster, gelb, wie brennend –
Pinien, ihre Kronen wie Dächer schützend ausgebreitet –
die Erde trocken, aufgesprungen –
kleine Käfer rennen geschäftig hin und her –
Zikaden hocken im Baum –
ihr Zirpen dringt hell in dein Ohr –

Du schaust aufs Meer –
die Wellen rollen hin und her – hin und her –
du spürst, wie dein Atem sich dem Rhythmus anpasst –
hin und her – gleich ein und aus –
ruhig geht dein Atem –
du bist ganz ruhig – gelöst – entspannt –

Kleine weiße Flecken weit draußen auf dem Meer –
Boote mit Segeln –
weit kannst du schauen – ohne Grenze ist dein Blick –

Du fühlst dich wohl –
du bist ganz ruhig, entspannt –
sonnenwarm bist du und sehr ruhig –
Ruhe durchströmt dich –

Capri

Die Einfahrt in Marina Grande ist immer wieder schön –
der Weg nach oben, du gehst ihn ganz gemächlich –
die Sonne tut so gut, du genießt ihre Wärme –

Die Pfade zwischen all den blühenden Gärten
  sind still und beschaulich –
weit weg sind all die Eiligen –

Eine Fahrt über die Insel, offen der Wagen,
  windig und rau die Luft –
der Blick saugt sich fest an schönen Winkeln –
unter dir die Grotte, fast kitschig blau –
das Meer davor ganz ruhig, die Wellen plätschern
  sanft ans Ufer –
dein Atem geht ganz ruhig, ein und aus – ein und aus –
den Wellen gleich –

Die Piazza – Jahrmarkt der Eitelkeiten –
heute spießig, ohne Einfall, leer und hohl –
dagegen streng und hell, Certosa –
das Kloster mit seinem Belvedere –
von dort der Blick zu den Fragalioni – den beiden Felsen –
ist fast zu schön –

Mittag in den Schenken –
köstlich die Meeresfrüchte, der Wein –
prasselnd, trotz des hellen Sommertags, der Kamin –

Wohlbehagen hüllt dich ein –
du bist so ruhig, gelöst, entspannt –
die Wärme zieht wie ein Strom durch deinen Körper –
du bist ganz ruhig und entspannt –

Burano – Insel bei Venedig

Viele, viele Menschen am Pier –
endlich bist du auf dem Schiff –
eng stehst du mit anderen –
es gleitet durch den Kanal –
vorbei an der prächtigen, menschenvollen Uferpromenade –
vorbei an großen Schiffen mit Kanonen und Soldaten –
unter einer schmalen Brücke hindurch in ein großes Fort –
Napoleons Soldaten haben hier gelebt – gebaut –
das Fort bewacht von zwei phönizischen Löwen aus
    Stein –
nach der Enge des Kanals wieder das offene Meer –
der Blick wird frei –

Weit voraus ahnst du mehr, als du sie siehst, die Inseln –
Murano, Burano, Torcello, San Francisco, San Michele –
Namen wie Gesang – heiter – nach Sonne klingend –
San Michele – der alte Friedhof von Venedig –
dort findest du Gräber einst berühmter Menschen –
doch schon vergessen fast und verloren –
tausend, abertausend, Schubladen gleich in Mauern,
    Gräber von Menschen wie du und ich –
es kommt dich keine Trauer an –
die Sonne vermittelt so viel Wärme und Wohlbehagen –
dir, dem Fremden aus dem kalten, feuchten Norden –
dort sind keine Zypressen, Oleander, Sonne und Meer –

Die Insel jetzt, Burano –
putzig kleine, bunte Häuser –
geputzt – zur Schau gestellt –
in Reihen längs den kleinen Kanälen, Grachten gleich –
alles peinlich sauber und geordnet –
wie eine Szene – Kulissen –

Du machst Rast im Café am Kanal –
nichts stört dich mehr – du bist ruhig und entspannt –

eine tiefe Ruhe durchströmt dich –
du willst diesen Augenblick festhalten – diese Ruhe –
du bist ruhig und vollkommen entspannt –

Pompeji

Touristen verbergen fast seine Ruinen –
als Kulisse prächtig der Vesuv,
   der einstmals die Stadt verschlang –

Wie blühend muss sie gewesen sein –
wie reich die Eigner ihrer Häuser –
du stehst vor einem Tor, du trittst ins Haus –
ein Hof, mit einem Wasserbecken, mehr ein Teich –
umgeben von Säulen, zart und schlank –
ein Rot ist an den Wänden,
   wie wir es nie gekannt –
die Bilder lebendig – als sei'n sie grad gemalt –
du glaubst, die Menschen darauf zu kennen –

Alles wirkt so heiter – so gar nicht tragisch –
und doch war das Schicksal dort sehr grausam –
im kleinen Museum findest du den Abguss eines
   Mannes, gekrümmt vor Schreck in dem Inferno –
ein Hund, fast lebensecht, als wollt er gleich bellen –

du setzt dich hin im kleinen Garten, der grün
   und heiter Zeiten überlebte –

Du spürst die Ruhe, Ruhe auch in dir –
du bist ganz ruhig, gelöst und entspannt –
die Wärme des Tages spürst du in deinem Körper –
du fühlst dich ruhig, warm und wirklich wohl –

Römisches Bad in Pompeji

Du bist in der Stadt, die einst der Vulkan verschluckte –
du freust dich, dass Reste dir zeigen, wie diese Stadt
   einmal aussah –

In einem Haus eines Reichen findest du ein prächtiges Bad –
Wände schimmern marmorn –
zarte Farben, Muster ziehen wie Adern durch den Stein –
die Decke aus bunten Mosaiken –
es liegt ein sanftes, warmes Licht über allem –

Du träumst dich in die vergangene Zeit –

An langen, goldnen Ketten hängen Lampen –
große Schalen gefüllt mit duftendem Öl, das ruhig brennt –
im Boden ist ein großes, rundes Becken –
gefüllt mit warmem, kräuterduftendem Wasser –
es sprudelt aus goldenen Kranen –

Du liegst in diesem warmen Wasser –
ganz wohlig warm ist das Wasser –
dir ist warm, wohlig warm –
du fühlst dich wohl –
ganz sacht schwingst du hin und her –
du fühlst an deiner Haut das warme Wasser –
ganz wohlig warm ist dir –
du fühlst dich wohl –
du bist schwer, warm und ganz entspannt –
du bist vollkommen entspannt –

Herkulaneum

Im späten Mittagslicht liegt die kleine Stadt ganz
    eng, in sich geschlossen da –
auf hohen Pfaden erreicht man sie dort unten –
zauberhaft entbietet sie dir ihren Gruß –

Palmen in Höfen, in Gärten –
die Villen ausgestorben, doch aussehend fast wie gestern noch
    bewohnt
Fresken, Bilder von ihrem Wesen, ihrem Leben erschließen
    dir ihre Welt –
wie heiter muss ihr Leben gewesen sein?

Dicke Krüge, einstmals gefüllt mit rotem Wein,
    an fast allen Ecken ihrer Straßen –
noch sieht man verkohlte Waren, Korn, die Reste
    ihres Holzes, verbrannt vom heißen Lavastrom –
über allem liegt der Schleier warmer Luft –

Du atmest ruhig – ein und aus – ein und aus –
du bist ganz ruhig, gelöst, entspannt –
nichts ist da, was dich bedrückt –
dir ist so wohl – du fühlst dich wohl –

Paestum

Paestum,
ausgelegt mit grünen Matten –

Blühender Mandelbaum vor sandfarbenen Säulen –
Tempel der Hera –

Du erlebst auf schmalstem Raum: Reinheit in der Form,
    Anmut und Erhabenheit –

Winzig stehst du im Tempelinneren,
  Tempel des Nettuno –
  so groß – in der Sonne fast wie Gold –
König der drei Tempel –

Was sind für euch mehr als zweitausend Jahre?
Ein Hauch nur, der über euch wehte –
Eure Schönheit ist bis heute fast unversehrt –
Gerade in dem nicht mehr Bunten, Ganzen,
  ist es für uns Vollkommenheit –

Du liegst auf dem warmen Gras –
du riechst die Blüten –
du fühlst deinen Atem ganz ruhig –
ein und aus – ein und aus –
du bist schwer – warm und ruhig –
du fühlst die Ruhe durch dich strömen –
du fühlst dich wohl – es geht dir gut –

Paestum – Strand

Meer – davor unendlich weiter Strand
  in sanfter Kurve verlaufend –
das Auge sieht ein Ende kaum –

Der Sand, fein und gelb –
das Meer ganz ungestüm –
die Wellen hoch und weiß,
  riesig brechen sich die Kronen
  brodelnd kochendem Wasser gleich –
die Gischt schäumt bis zu deinem Gesicht –
salzig spürst du's auf den Lippen –

Du wanderst weiter –
kleine Wellen springen hier in den Sand –

glatt und unberührt erscheint der Strand –
im Sand siehst du eine Spur,
   verlaufend weit am Horizont –

Du bist so ruhig, warm und ganz entspannt –
dein Körper ist ganz warm –
dein Atem geht so ruhig –
du bist ganz ruhig, gelöst, entspannt –

Grotta Smeralda

Schon der Name ist verheißend schön –
Smaragd – ein unbeschreibliches Grün –
du bist im kleinen Boot in der Grotte, die einem
   Dome gleicht –
Stalaktiten, in vielen Formen und Farben –
Klänge, sphärisch fast, beim Berühren solcher
   Tropfsteinsäulen –

Dann plötzlich – ein Leuchten – türkisblau –
smaragdhellgrün die Tropfen vom Ruder gleiten –

Ruhe – Ruhe durchströmt dich –
du bist ganz ruhig, warm und ganz entspannt –

Amalfi

Musik und Anmut verheißt der Name
Leute, Lachen, Sonne, Freude –

Auf dem Domplatz bewunderst du viel Pracht –
der Dom – schwarz-weiß gemustert ist seine Fassade –
verziert mit bunten und goldenen Mosaiken –

Ein kleines Peristyl mit zierlich geformten Doppel-
    säulen entzückt dein Auge –
Marmorne, reich geschnitzte Sarkophage –
strenge gotische Figurinen –

Du sitzt auf weißen Stühlen im Café auf der Straße –
du lässt das Leben an dir vorüberziehen –

Du bist ganz ruhig, gelöst, entspannt –
du fühlst dich wohl – es geht dir gut –

Ravello

Seine Villen Rufollo und Cimbrone aus dem
    12. Jahrhundert –
prächtig, unbeschreiblich schön sind ihre Gärten –
es blüht und grünt um dich herum – verschwenderisch,
    wie nur die Sonne des Südens das vermag –
die Luft ist klar – wie Glas – doch nicht so kalt –
Wärme liegt über allem –
Wärme auch in dir –
Du fühlst dich wohl – bist ruhig und entspannt –

Du gehst nicht, nein, du wandelst in diesem Park –
himmlisch hoch der Belvedere von Cimbrone –
die Tempel, Brunnen und der Innenhof orientalisch aufgeputzt –

Heiterkeit liegt über all dem hier –
du spürst diese Heiterkeit auch in dir –
du fühlst dich wohl – bist ruhig und entspannt –

Kairo

Eine Stadt, scheinbar ohne Grenzen –
10 Millionen Menschen leben dort –
leben scheint dir fragwürdig – Armut überrollt dich –
Grau, Staub, Lärm scheinen Synonyme für diese Stadt –
selbst die Palmen, spärlich und selten, sind rau vom Staub –
bieten dir wenig Gefühl von Orient –
Menschen, Autos, schrilles Hupen –

Der erste Weg führt ins Museum – weltberühmt –
seine Schätze sind nicht mehr zu zählen –
ein Kleinod – das Grab des Tutenchamon –
die Schätze des einstmals unversehrten Grabes
    im Tal der Könige –
in unermesslicher Fülle liegen sie vor dir –

Wenig Menschen in der frühen Stunde dieses Tages –
du sitzt auf einem Holzstuhl wie gebannt –
dein Auge versenkt sich in all die Pracht –
du spürst die Ruhe, die dich erstmalig in dieser Stadt umgibt –
diese Ruhe strömt durch deinen Körper –

Du siehst die Möbel, mit denen sich vor Tausenden von Jahren
    der Pharao umgab –
sein Thron in Gold und Farben zwang ihm Haltung auf –
der Schmuck, die Masken sind pures Gold –

Es gibt so viel zu sehen –
du sitzt davor und lässt an deinem inneren Auge viertausend
    Jahre vorüberziehen –

Du sitzt so ruhig, still versunken –
du spürst die Ruhe im Museum, einem Tempel gleich –
du spürst diese Ruhe auch in dir –
du bist ganz ruhig, gelöst, entspannt –

Nil

Der Fluss, von dem du viel gehört –
er fließt von Süd nach Nord durch viele Länder –
in Ägypten ist nur Lebensraum dicht um ihn herum –
fast wie eine unendlich große, lang gestreckte Oase,
   die ihr Leben vom Fluss bezieht –

Du sitzt am Ufer im alten Theben, der Königsstadt, die
   heute Luxor genannt wird –
der Fluss bewegt sich träge, ruhig –
die Segel der Boote blähen sich und geben Fahrt –
Palmen und Papyros säumen das Ufer –
das Tal der Könige am anderen Ufer – behütet von hohem Fels –
Eisvögel schnellen in die Luft –

Die Sonne, die bisher so warm, neigt sich der Erde zu –
du blickst gebannt, was nun vor dir erscheint –
ein Farbenspiel von ungeahnter Pracht –
zuerst zart grün, türkis, dann lichtes Blau – pastell –
nun wechselt es in grell-gelb, orange und rot –
du schaust und schaust, dein Blick saugt sich beinahe fest –
es ist, als ob der Himmel brennt –
die Farben schweben um dich herum –
es ist, als würdest du in alle Farben tauchen –

Eine tiefe Ruhe strömt durch dich –

Moschee

Schon von weitem siehst du die schlanken Minarette
die Kuppel der Moschee blinkt im Sonnenlicht –

Du stehst vor dem Gebetshaus der Moslems –
doch auch Treffpunkt und Versammlungsort
wie anders das Gotteshaus in deiner Heimat –
fremd und sehr geheimnisvoll erscheint dieses dir –
verspielt in der Form, doch auch erhaben –
es steht fest auf scheinbar sicherem Grund –

Du gehst in den Hof – der Brunnen für die Waschung –
Ritual fünfmal am Tage –

Du streifst die Schuhe ab und Filzpantoffeln über –
so schlurfst du mehr, als dass du gehst, hinein –
du blickst erstaunt auf all die Pracht –

Der Stuck, ganz fein geformt, Teppiche, schmiedeeiserne
  Lampen an langen Ketten –
Fenster aus Alabaster –
das Licht ganz unwirklich getönt –
du spürst die Meditation durch das Gebet –

Du setzt dich auf den Boden, weich unter dir der Teppich –
du lässt die Aura dieses Raumes auf dich wirken –
du spürst, wie Ruhe dich durchströmt –

Gedanken kommen und gehen
du lässt es zu, was dich bewegt –
du kannst dich diesem Zauber nicht entziehen –

Tempel

Du steigst vom Tale aufwärts und siehst, eingebettet
   in die breite Felswand, den Tempel der Königin –
Hatschepsut war wohl ihr Name –

Der Tempel so fein gegliedert, wie Filigran von weitem –
Arkaden, Balustraden über die gesamte Breite –
der Stein in Farbe dem Felsen gleich –
eine Huldigung auch an die Frau eines Mannes,
   der Minister, Baumeister und Geliebter war –
beide hielten lange die Geschicke des Landes in ihren Händen –

Die Frau – sie war umgeben von so viel Hass, Intrigen, Neid –
selbst ihre Familie spann die Missgunst wie ein Spinnengeweb,
   in dem sie sich verfing –
sie litt viel Leid, erlebte auch Triumphe –

Tempelwände zeigen Leben und Geschichte dieser Zeit –
die Farben noch so leuchtend, als seien sie erst gestern gemalt
   und nicht vor vielen tausend Jahren –
die Figur der Königin ist herausgemeißelt – in ihrer Zeit schon
   geschah es –
ihr Bild ist fort – der Nachwelt fast entzogen –
doch trotzdem wissen wir von ihrer Zeit, dem Können, ihrer
   Menschlichkeit –
sie ist unsterblich auch für uns –

der Tempel ist einzig *Ruhe, Harmonie und Schönheit* –
ein Denkmal auch einer großen Liebe –
es rührt dich an, es bewegt dein Herz –
was ist schon so ein Stückchen Leben?
wie schnell verrinnt die Zeit –
mach was draus, verlier nicht Zeit und Phantasie –
lass in die Ruhe dich nun gleiten –
träum den Traum dir weiter –

Wüstenstraße

Du fährst auf einer Wüstenstraße, die zur Oase führt –
der Sand gleißt buttergelb zu beiden Seiten –
so weit das Auge reicht siehst du nur Sand –
es ist so ruhig – auch in dir –

In diese Ruhe eine kleine Bewegung –
ein Tier springt vor uns auf –
nur wenig dunkler als der Sand, aus dem es kam –
es ist ein Wüstenfuchs mit buschig-wehendem Schwanz –
er läuft geradewegs zur Wüste hin –

Nun ist wieder Ruhe da – in dir und draußen –
du fühlst dich so ruhig –

Der Blick verweilt auf ständig gleichem Bild –
Wüste ohne Grenze –
der Blick versinkt ins Grenzenlose –
die Weite spürst du auch in dir –
Ruhe hüllt dich ein –

Oase Fayum

Auf Wüstenstraße durch hellen Sand –
der Weg schnurgerade, soweit man schauen kann –
nach langer Zeit am Horizont das erste Grün –
Palmen und das Blitzen eines Sees –
wir nähern uns dem See, der gemächlich an das Ufer schwappt –
Vögel im Schilf – Reiher fliegen auf –
kein Ort, kein Haus, alles scheint ganz menschenleer –

Am Ende des Sees ein winzig kleiner Ort –
nur ein paar Hütten, aus Lehm gebaut –
Kinder spielen im Sand davor –

sie sind so bunt gekleidet, in Farben, die unserem Auge fremd –
sie lachen fröhlich – schreien »Bakschisch«
betteln, doch ist es mehr ein Spiel –

Frauen stehen am Wasserspender – Tonkrüge auf dem Kopf –
mit Anmut schreiten sie davon, sie blicken uns kaum an –
Fremde, die sich in diese Welt, die ihre, wohl verirrten –

Wir ziehen weiter –
ein kleiner Fluss begleitet unseren Weg –
lehmgraue Hütten am Ufer – das Leben dort in großer Ruhe –

Taubenhäuser aus Lehm am Wegrand – ganz bizarr –
Kegel über Kegel – aus Lehm – aufeinander getürmt –
wie Burgen fremder Völker sehen sie aus –
aus runden Löchern flattert's wild und weiß –
Tauben, viele Tauben suchen ihre Bahn, um sie zu fliegen –

Weiter des Wegs, Felder – dürr und arm –
ein altes Wasserrad aus Holz bewegt von einer dünnen Kuh –
die Augen verbunden, dreht sie unermüdlich Kreis um
    Kreis –
was schon sind hier tausend Jahre –
ein Nichts – ein Tropfen, der im Sand verrinnt –
die Ruhe dieser Landschaft ist so groß –
du fühlst sie in dir – bist ruhig, gelöst und ganz entspannt –

Abschied

Der letzte Tag – die letzte Nacht im fremden Land –
du fährst hinaus zu den Pyramiden –
der Weg aus der Stadt ist weit –
von ferne auf der breiten Straße siehst du die kleinen
    Spitzen der Pyramiden –

Du kommst näher und meinst, sie wachsen aus dem Boden –
Monumente, gigantisch groß – in sanftes Licht getaucht –
die Schatten wachsen ins Unendliche –

Der Nachthimmel über dir ist klar –
Sterne leuchten, so hell, wie du sie kaum je gesehen –
kein Mensch ist weit und breit zu sehen –

Du gehst auf Sand, *der noch warm vom Tag* – ganz leicht und
    recht beschwingt –
es ist so schön hier draußen, ganz nah bei der großen Stadt –
dass fast die Worte fehlen –

Du fühlst dich eins – mit dem Jetzt und Hier, dem Früher und der
    Zukunft –
du fühlst dich eins mit dem Sand, den Sternen, dem Himmel,
    der Geschichte, der Vergangenheit –
ein Gefühl des Friedens – Gleichgewicht – durchzieht dich –
es ist so einsam – es macht nicht Angst –
du fühlst dich wohl – befreit von Alltagskram –
du bist ein Staubkorn in der Unendlichkeit –

Der See in Holstein

Davon habe ich immer schon geträumt,
ein Haus, der Garten direkt am See –
Schwimmen, schon vor dem Frühstück,
in der Nacht, zu jeder Zeit –

Der Liegestuhl im Gras am Ufer,
der See wie ein flacher, glänzender Teller vor mir –
Alte Erlen, tief hängende Weiden, Schilf und hohe Gräser
umhäkeln das Ufer –
Die Enten im Flug über dem See,
ihr Anflug aufs Wasser mit viel Getöse –

Möwen schreien, jammern, schimpfen –
Eine Schwanenfamilie mit sieben grauen Jungen
schnürt in einer Reihe vorüber –
Segelboote gleiten geräuschlos durchs Wasser –
Über allem liegt eine große Ruhe,
selten einmal menschliche Stimmen –
Nur die Laute der Wasservögel –
Am Horizont niedrige Hügel,
kleine, dunkle Umrandungen, Bäume, Büsche –
Wenn Dunst über allem wie ein Schleier hängt,
vermischen sich dort die Grautöne –
Der See hat viele Gesichter,
die Stimmung, der Eindruck wechseln fast stündlich –
Morgens, wenn Nebel und Tau Verhüllungen sind,
wirkt alles ein wenig geheimnisvoll –
Ich warte dann auf den Seegott mit Dreizack
oder auf Nixen mit grünen Algenschleiern,
oder warte ich auf ein Geheimnis, das nur ich lüften kann?

Schwimmen im See, ich kämpfe manches Mal mit Angst,
wenn von unten mich die Algen streifen,
ist es, als greife ein Geist nach mir,
um mich ins Dunkle zu ziehen –
Ich will jedoch nicht in die Tiefe gleiten,
ich bleibe, trotzig fast, im Licht –
Liege später dann im kurz geschorenen, pelzigen Gras,
weich wie eine Decke unter mir –
Ich fühl meinen Körper, meinen Atem –
Er geht ruhig ein und aus – ein und aus –
Ich spüre eine große Ruhe, die meinen Körper durchströmt –
Diese Ruhe spür ich in Geist und Seele –
Die Ruhe, nach einer kleinen Weile, bin ich.

Dorfkirche

Eine lange Fahrt auf dem Rad,
mal Wäldchen, mal Felder oder Koppeln,
die am See dort liegen –
und immer wieder kleine Weiher am Weg –
Hohes Schilfgras verdeckt zum Teil die Sicht –
Möwen kreisen in großen Bögen ewig hungrig schreiend,
oder ist es Freude?
Idylle im steten Wechsel –
Dann endlich erste Rast am großen See –
Alt und recht behäbig liegt das Dorf in der Mittagssonne,
es lässt die Zeit ganz ungerührt an sich vorüberziehen –
Das Gestern gilt so viel wie das Heute und das Morgen –
Durch einen bäuerlichen Hof hindurch, steh ich vor der Kirche,
in sparsamem Barock gebaut –
Sie liegt inmitten eines Blumengartens,
dem Friedhof, der heiter fast im Mittagslicht,
mehr wie blühender Hausgarten scheint.
Das rundliche, strahlend weiße Kirchlein ist auch innen licht,
hell und freundlich bietet es Rast und Ruh –
Es prunkt mit keiner Pracht und Größe,
wenig Schmuckstücke sind seine Zier,
die bäuerliche Kunst
ist Ausdruck echter Frömmigkeit und tiefen Glaubens –
Später sitze ich auf einer Bank mit Blick zum See –
Die Sonne wärmt mir Körper, Geist und Seele.
Ich atme tief durch und freu mich meines Lebens –
Ich bin ganz ruhig, ganz wie mein Atem,
der ruhig aus und ein nun fließt,
ein und aus, und alle Spannung löst –
Ich bin ganz ruhig und entspannt,
ich fühl mich wohl in meiner Haut.

Altes Gut in Holstein

Langer Weg in der Früh um den ganzen See herum –
Felder, Wiesen, Weiden, Pappelalleen,
weiße Zäune um die Koppeln, auf denen Pferde genussvoll
   grasen –
Die Bäume der Alleen alt, knorrig, hoch,
ausladend die Äste,
als ob sie ihren Gruß dem Schloss entbieten,
das in seiner hellen Breite vor mir liegt,
umsäumt von rot glühendem Rhododendron –
Zu beiden Seiten reetgedeckte Scheunen, Pferdeställe,
der Rasen smaragdgrün, Ergebnis generationenlanger Pflege –
Am See ein kleiner Holzsteg, fast versteckt,
Abdrücke vieler Pferdehufe bis hinunter zum Wasser –
Blesshühner schrillen im Schilf,
es ist, als wäre die Zeit hier stehen geblieben –
Ich liege auf den Planken des Stegs,
fühle die Wärme des Holzes an meinem Rücken, im ganzen
   Körper.
Die Sonne wärmt mich von oben –
Ich genieße meinen Atem, der ganz ruhig fließt –
Ich fühl ihn ein- und ausströmen, im steten Wechsel –
Er vermittelt Ruhe, Ruhe, Ruhe –
ich bin ruhig, ganz gelöst, entspannt,
und überlass mich meinen Träumen.

Winterurlaub in Gomera

Steine am Meer –
Ufer voll schwarzer, roter, grauer Steine –
Reste des Vulkans, Asche, gehärtete Zeugen des Ausbruchs,
seit Millionen von Jahren liegen sie schon –
Wasser bricht sich an ihnen –
Wellen, manchmal riesig aufgetürmt,

türkis, mit weißen Kronen,
machen Angst –
Ihr glänzender Kamm kippt mit donnerndem Gebrüll –
Wie viel verschleuderte Energie,
Ein winziges Wenig würde genügen
als Lebenskraft –
Welch Überfluss, welche Verschwendung –
Könnte man doch dieses Gut gerecht verteilen!
Die Steine grummeln, rollen unterm Ansturm,
sie schleifen sich ab, sie werden rund,
bieten wenig Widerstand,
doch beugen tun sie sich nicht –
Sie halten dem Angriff der Wellen stand,
die Flut wird's versuchen, immerzu –
Doch sie bleiben, was sie sind, stark und unverletzlich.

Gomera – La Playa

Einstmals nur eine Hand voll Hütten am Meer –
moderne Zeit verlangt nach anderem –
Touristen, lange wenig uniform,
Außenseiter oft in ihrer Welt,
jenseits des Meeres –
Doch mit den Jahren auch hier immer zahlreicher,
und aus allen Schichten –
Neue Bauten, hässlich und hoch,
verschandeln, was an Schönheit war –
Der Strand, schwarze Lavaasche, voller Menschen, viele Kinder –
Die kleine Taverna, unmittelbar am Strand –
Maria, sie scheint unverändert souverän –
Auf diesem Platz, jeden Tag zur gleichen Stunde,
sitzen alle wie die Hühner auf der Stange
und sehen dem Sonnenuntergang zu –
Die Sonne gleitet zeitlupenhaft hinter die ferne Insel Hierro,
danach noch lange ein Farbenspiel am Himmel,

jeden Tag ein neues Kaleidoskop,
himmlische Inszenierung –
Danach wird's dunkel, kalt, und alle strömen heim –
Viele wandern bergaufwärts, Calera zu,
dem Ort, der heute, mehr denn je, den Touristen dient –
Der Weg durch Palmenhaine,
karges Rinnsal plätschert dazu,
unterwegs die kleine Kneipe,
von jenen, die vor Jahren hier hängen blieben –
Oben am Berg, an dem die Häuser kleben,
Terrassen mit herrlichem Blick –
Ich kann's verstehen, dass so viele immer wieder kommen
und andere ihre Abreise überdenken –
Doch ich wag es mir nicht auszudenken,
wie es in ein paar Jahren aussieht hier.
Schon heute wird das Wasser knapp,
der Abfall türmt sich, die Häuser wuchern.
Wie schnell kann die Schönheit dieser Insel
von dunklen Flecken gänzlich überdeckt werden.

Olivenbaum

Knorriger, alter Olivenbaum
mit fast versteinerter Rinde und silbrig-grünen Blättern
auf meist historischem Grund,
wirst bald der Letzte sein,
dessen Anblick uns anrührt –
Menschen züchten neue Bäume,
ausgerichtet in Reih und Glied,
wie Spalierobst an Stangen,
Maschinen zwischen den Reihen
ernten die Früchte –
Plantagen, ganz auf Gewinn geplant
genormt, geprüft und kontrolliert,
in langweilender Symmetrie –

die neuen Bäume, sie regen keine Phantasie mehr an,
keine Gestalten, Formen sind mehr zu ahnen –
Die Bäume, die Jahrhunderte überlebten
und Jahr für Jahr ihre Früchte abwarfen,
dem Menschen zum großen Nutzen,
mythische Ölbäume, sie sterben aus,
wieder wird die Erde, unser Leben, ein Stück ärmer.

Fahrt übers Land

Erst seit jüngster Zeit ist eine Fahrt übers Land
in Gomera möglich –
Straßen in den Berg operiert –
Erikasträucher, ungewohnt ihre Größe,
Moosbärte hängen lang herunter,
uralte Lorbeerbäume –
Nebel oben auf der Höhe fast immer,
Nässe hier, der Passat fegt drüber –
Kurven um Kurven, in den Bergen wenig Sicht,
die Schluchten grün, Palmen, Orangen und Zitronen,
Knospe, Blüte und Frucht zugleich am Baum –
Wenige Orte gibt es hier,
die Märkte karg im Angebot –
Tomaten, klein und wenig verlockend im Aussehen,
doch im Aroma ganz unvergleichlich,
genau wie die Bananen, die kümmerlich erscheinen,
doch schmecken sie phantastisch –
Die Felder, vor Jahrhunderten angelegt unter größter Mühe,
Terrasse über Terrasse, dem Berg abgerungen,
manche liegen heute brach, verwaist sind viele kleine Hütten,
deren Bewohner vor der Not nach Südamerika geflohen –
Schon um die Jahrhundertwende fuhren viele weg,
und heute geben die Jungen ihre karge Selbständigkeit auf
und dienen im Tourismus auf den Nachbarinseln –
Wasser, trotz des vielen Regens oben auf den Höhen,

wird knapp, schon allzu tief muss man danach graben,
Touristen verschwenden mit Duschen, WC das unersetzliche
 Nass,
die Schäden sind nicht zu übersehen.
Traumhafte Insel, wohin führt dein Weg?

Stern in der Winternacht in Gomera

Stern, du da oben im Nachtblau –
Venus, Schutzgöttin aller Liebenden –
dein Licht blinzelt mir höhnisch zu, so will's mir scheinen,
fast kalt dein Strahlen, mich nicht wärmend –
Dein Licht ist nur geborgt –
Meine Haut ist dünn, mein Schutzkleid sehr verletzlich,
gleich einem Spinnenweb,
ich bin darin gefangen –
Ausbrechen zerstörte das feine Gespinst,
die Fäden blieben hängen –
Erinnerungen, Lichtstrahlen gleich,
leuchten auf und verblassen –
Was dauert ewig?
Doch nur der Stern da droben –
Ich geh zurück ins Haus,
einen letzten Blick noch in das Dunkel werfend –
Das Meer springt wieder über die Steine,
sie rollen und stoßen sich die ganze Nacht –
Nachtmusik – ich fühl mich wohl –

Ich lieg im Bett, gelöst, entspannt –
Ich bin ganz ruhig und atme tief die klare Luft,
die durch das offene Fenster strömt –
Der Atem geschieht – »Es atmet mich« –
ich spür schon, wie die Gedanken schlafen gehen.

Abend in Palma

Nach langem Tag und vielen Wegen
knurrt der Magen, er ist hungrig, der Geist ist satt –
Ich suche nach einem Restaurant, das mir behagt –
wenige haben geöffnet, ihre Zeit ist noch nicht da –
Ich finde in enger, dunkler Straße ein altes Lokal,
etwas düster, hoch der Raum,
wenige Menschen sitzen dort –
Am Tresen alte Männer, die neugierig schauen,
Frau allein, am Abend, und das in Spanien,
noch immer nicht ganz selbstverständlich –
Ich setze mich mit etwas Mut an die braun gescheuerte,
    glänzende Theke,
vor mir der blitzblank polierte Bierhahn,
unter Glas die berühmten Tapas,
Vorspeisen, appetitanregend bunt, frisch zubereitet –
Nach kurzer Zeit das Bier leicht schäumend,
die Tapas, hübsch dekoriert, vor meinen hungrigen Augen –
Ich vergesse die anfängliche Verlegenheit,
kann locker reden, mit Händen und Mimik,
und genieße dann stillvergnügt mein Abendmahl –
Zufrieden über meinen Mut,
wohlgesättigt und bester Stimmung
geh auf langen Wegen ich zurück in mein Hotel –

Ich fühl mich wohl und gar nicht einsam.
Ich bin ruhig in Körper, Geist und Seele

und freue mich auf sieben Tage ganz allein mit mir.

Deya

Nicht weit entfernt von Valledemosa
erreiche ich Deya, ein Dorf auf einem Hügel,
ganz so wie vor vierhundert Jahren –
Die Gassen eng, die Häuser erdfarben,
auf dem Hügel oben die Kirche mit dem Friedhof,
Schubkastengräber in der Mauer,
Die Särge werden in die vorgesehenen Löcher geschoben,
eine Platte davor, der Name eingemeißelt,
Plastikblumen als einziger Schmuck –
Wie fremd sind mir diese Bräuche –
Der Blick von hier oben ist zauberhaft –
Der kleine Hafen von Deya scheint die Jahrhunderte
unverändert, unbeschadet überstanden zu haben –
Ein kleines Lokal, ein paar Boote,
der Hafen ein winziges Halbrund,
uralte, knorrige Olivenbäume,
im Dorf einige Kneipen, in denen sich Touristen wohl fühlen,
Künstler in den alten Häusern stellen ihre Bilder aus –
Keine Werbung an den Gebäuden, die Läden sind fast versteckt –
Am Rande ein nobles Hotel,
es hat sich abgeschottet, stört nicht das mittelalterliche Bild –
Zur rechten Seite der hohe Berg,
der die rauen Winde fern hält und gutes Quellwasser schickt –
Ich pflücke das erste Mal in meinem Leben Mandarinen,
saftig, reif und süß, vom Baum –
Die Amsel singt wie zu Hause den Abend ein –

Ich sitze auf einer kleinen Mauer und ruh mich aus –
ich bin ganz ruhig und entspannt –
Die Ruhe wird tiefer und durchdringt auch Geist und Seele.

La Calobra

Ein Naturwunder ist La Calobra,
eine Bucht wie ein Fjord so eng –
Doch zunächst ist sie nur zu erreichen
über eine Straße, die aus engen Kurven besteht –
Sie nehmen kein Ende, sind so eng,
dass kaum ein zweites Auto passieren kann –
Nach endlos erscheinender Zeit komme ich unten an –
Einige Spanierinnen schauen erstaunt mich an,
eine Frau allein auf dieser Strecke!
Ich gehe weiter in die Schlucht hinein –
Das Wasser hinter mir ist dunkelblau und auch türkis –
auf Steinen geht's tiefer in den Fjord,
der sich immer mehr verengt –
Die Felsen zu beiden Seiten türmen sich mächtig auf –
Vögel schreien ihren Warnruf –
Ich bin ganz allein in dieser Urlandschaft –
Es ist sehr einsam, still, ein wenig unheimlich –
Ich kehre um, als die Felsen sich aufeinander türmen,
unwegsam erscheinen –
Für Abenteuer ist heute keine Zeit –
Vielleicht ein andres Mal?
Ich geh zurück, sitze noch ein wenig auf den glatten Steinen
am schmalen Strand –

Ich meditiere vor mich hin –
Mein Atem wird ganz ruhig, die Glieder schwer –
Die Augen fallen mir nun zu –
Ich bin hier und auch in Gedanken überall –
Die Ruhe dringt in jede Pore.

Abendspaziergang

Den Hafen von Soller verlasse ich am frühen Abend
zu einem Spaziergang –
Das kleine Städtchen liegt bald hinter mir,
ich komme an einem alten Bauernhof vorbei,
der Weg führt in großen Kurven bergauf,
irgendwo hinter den Hügeln liegt Soller –
Orangenhaine, rechts und links der Straße,
süßer Duft, weiße Blüten, reife Früchte,
und dies alles an einem Baum zur gleichen Zeit –
Grenzlinie, nun beginnen die Olivenhaine –
sie nehmen kein Ende –
Ihre silbriggrauen Blätter rascheln leise im Abendwind –
Eine Schafherde überquert die Straße –
Der Hirtenhund versucht Ordnung zu halten –
Ein junges Schaf will ausbrechen,
aber so viel Freiheit ist ihm nicht erlaubt,
der Hund jagt es unerbittlich in das Kollektiv zurück –
Die Sonne sinkt hinter dem Hafen in das Meer,
die letzten Strahlen fallen schräg auf die Landschaft,
sie geben all dem scharfe Konturen –
Ich fühle mich wohl, leicht und unbeschwert –
Den Hafen sehe ich an mancher Wegbiegung;
der Blickwinkel ist jedes Mal ein andrer –
Auf der vorletzten Höhe beschließe ich den Rückweg,
es ist schon dunkel geworden –

Ich bin ruhig, ohne Angst,
mir ist vom Gehen warm geworden,
ich bin entspannt, gelöst und genieße den Abendfrieden –
Ruhe strömt durch Geist und Seele –
Die Ruhe füllt mich aus.

Cala Ratjada

Am späten Abend komme ich in Cala Ratjada an,
ein Ort, bekannt aus Erzählungen, Katalogen –
Viele alte Leute, die dem deutschen Winter entfliehen,
leben hier wie in einer Diaspora –
Sie sprechen kein Spanisch, die Spanier aber Deutsch –
Der Hafen scheint kaum verändert seit früherer Zeit,
hier hat der Tourismus wenig Schaden verursacht –
Die Strandpromenade wirkt im Mondlicht sehr romantisch –
Je weiter weg vom Ort ich laufe,
desto unverbrauchter erscheint die Landschaft,
viel Grün und Blumen, Kiefernwälder –
Es macht mir Freude, so in der Nacht zu wandern –
Ich bin nicht müde, könnte Stunden gehen –
Der Mond malt Kringel auf das Wasser,
die Wellen plätschern leise an das Ufer,
zufrieden, friedlich scheint das Meer –
Eine Katze läuft hinter mir her,
ich will sie streicheln, doch sie rennt fort –
Ich fühl mich wohl, so ganz allein auf mondbeschienenem Weg –
Allmählich freu ich mich auf mein Bett –

Jetzt werd ich müde, faul, und die Glieder werden schwer –
Ich bin ruhig, zufrieden, gelöst und sehr entspannt –
die Zikaden singen mir das Nachtlied –
Die Ruhe dringt von außen tief nach innen.

Letzte Feriennacht

Die letzte Nacht in Cala Millor,
ein Ort, aus dem Sand gestampft –
Hotel an Hotel, soweit das Auge reicht,
eine Kette aus Beton hinter dem Meer
verwandelt, verschandelt die Natur –

Der Strand hell leuchtend im Morgenlicht,
vom Balkon, ganz hoch oben im Hotel,
geht der Blick weit übers blaue Meeresrund –
Ein paar alte Leute laufen langsam durch den Sand,
Rentneroase zur Winterszeit –
Der Weg nach dem Frühstück führt mich den Strand entlang,
hinauf auf einen Weg, der durch dürres Gestrüpp
zum Turm auf die Hügelspitze weist –
Kaum bin ich dort, umfängt mich ein Gewirr von vielen
   Stimmen –
Wie Hühner auf der Stange sitzen Leute auf Stühlen,
alle das Gesicht zur Sonne hochgereckt –
Schnell fliehe ich von dort –
Über viele Steine geht mein Weg dem andren Ufer zu –
Hier ist es ruhig, nur die Zikaden singen –
Der Weg ist mühsam, es wird heiß –
Bald kehre ich um,
der Weg zurück bietet neuen Blick –
Mit dem Wagen fahre ich zum andren Ende des Ferienortes,
zum alten Cala Bona,
an dessen äußerstem Punkt die kleine Kneipe noch steht,
die ich vor vielen Jahren mit der Familie hier entdeckte –
Ein Tisch und ein paar Stühle direkt am Meer –
Ein kleiner Strand, ganz urig,
kaum Menschen, nur Wind, Sonne und das Meer –
Die Mittagsrast wird zur Sinnenfreude –
Ich genieße mein Glas Wein, ein wenig Käse, weißes Brot –

Ich sitze und lass die Ruhe ganz durch mich strömen –
Die Zeit war schön, viele Bilder, unvergessen –
noch lange werden Geist und Seele Futter haben.

Abflug aus Deutschland

Im Airbus elftausend Meter hoch
über allem Alltagsgrau und den Wolken –
Orangerot und türkis der Himmel –
Die Sonne schiebt sich wie eine brennende Kugel
langsam über den fahlen Dunst –
Nur wenige Augen verfolgen den Sonnenaufgang –
Licht, Symbol, das immer wieder nach allem Dunkel kommt –

Ich sitze in meinem Flugzeugsessel,
neben mir unbekannte Menschen –
Ich bin ruhig hier, über allem schwebend,
der Körper ist schwer, gelöst, entspannt,
die Hände liegen locker in meinem Schoß,
die Füße ruhen schwer auf dem Boden, der dünn nur ist –
Ich sehe die Sonne, ihr helles Licht,
ich ahne nur ihre Wärme –
Ich fühl mich wohl, es geht mir gut –
Ruhe durchzieht Körper, Geist und Seele –
Ich freu mich auf all das Neue,
das Land, die Leute und die Kultur.

Ankunft in Antalya

Die Berge ragen, im April noch schneebedeckt,
hinter dem leuchtend blauen Meer auf –
Das Rund des alten Hafens, seit vielen hundert Jahren
Ankerplatz für Schiffe aller Art –
heute mehr Liegeplatz für schicke Jachten,
die dem Urlaub dienen, selten nur dem Fischfang –
über dem Hafen die Mauer mit Zinnen gekrönt,
die Burg aus der Seldschukenzeit,
als stummer Wächter dieser Stadt –
Wie Gehilfen die Moscheen,

deren Minarette schlanken Wachtürmen gleichen –
Der bezaubernde Teegarten über der langen Hafenmole,
den ich über viele Stufen vor einem Jahr noch erreichte,
ihn gibt's nicht mehr,
der Samowar ist für immer ausgegangen –
Auch das Gartenrestaurant,
am Ende der langen Palmenallee mit ihren vielen Blumen,
ist geschlossen, ob für immer, ich weiß es nicht –
Am steilen Hang, hoch über dem Meer,
kann ich noch sitzen, ganz allein –

Die Sonne scheint mir ins Gesicht,
sie wärmt den ganzen Körper mir –
Ich habe die Beine weit ausgestreckt,
ich ruhe aus, die Hände liegen locker in meinem Schoß –
Ich ruh mich aus,
atme tief den Geruch des Meeres ein –
Ich bin ruhig, entspannt, gelöst,
ich träume von den nächsten Tagen,
von Wegen durch das schöne Land.

Markt in Finike

Nach langer Fahrt durch Kiefernwälder
erreichen wir den kleinen Ort –
An der Straße ist ein Markt, bunt und orientalisch –
Neben taufrischem Obst und saftigem Gemüse,
alles akkurat, dem Auge zu Gefallen, aufgebaut,
Gewürze in vielen Farben,
die sich mit ihren Gerüchen in die Nase schmeicheln –
Kleine Gebäckringe mit Sesam drauf,
sind frisch, noch ofenwarm und kosten nur ein paar Pfennige,
dazu in kleiner Tasse der türkische Kaffee,
fertig ist ein leckres Mittagsmahl –
Auf dem Markt wimmelt es von Menschen,

wenige, alte Frauen meist, in traditioneller Tracht,
dazwischen allerlei aus Plastik, modern und hässlich –
Schuhe, Kleider, Wäsche, sie sind aus zweiter Hand –
Teekannen, unverzichtbar für die Türken, in allen Größen,
kleine Gläser dazu, die ebenfalls für den Raki zu gebrauchen sind,
den Anisschnaps, der pur oder mit Wasser verdünnt,
auch Eselsmilch genannt wird –
Am Rand des Marktes sitzen wir
und machen Pause,
verzehren frisch gepflückte Orangen –
Abschied dann von den Menschen, die uns freundlich
  begegneten –
Ich denk an Deutschland, wo sie die Fremden sind,
die selten Freundschaft dort erfahren –
Wir winken, sind voll guter Vorsätze,
ihnen in unserem Land Achtung,
vielleicht auch Freundschaft anzubieten.

Ich sitze im Bus, wir fahren weiter,
bin müde, satt vom vielen Sehen –
Die Glieder sind ganz schwer –
Der Atem und die Gedanken sind nun ruhig –
Ich bin entspannt, gelöst, ich fühl mich wohl.

Zuhause für ein paar Monate

Am Hang, wie hingelehnt, das kleine Feriendorf,
für ein paar Monate nun mein Zuhause –
Die Häuser, weiße Kuben in der Mittagssonne –
Die Erde, noch grau und wund vom Bauen,
wird langsam grün, durch viel Arbeit, Wasser und Mühe –
Wie dünne Schlangen ringeln sich die Wasserschläuche
von Haus zu Haus, die wie Stockwerke am Hang verstreut liegen –
Terrassen hat jedes Haus, der Blick von überall sehr schön –
Das Meer ist nah zu sehen, von einer Landzunge unterteilt –

Zwei Strände liegen vor der Haustür, hell und leer,
nur wie ein paar bunte Tupfer die Segel der Surfer,
die aus aller Welt hier den Meltemi,
den rauen Nordwind suchen –
Oben, an der schönsten Stelle, liegt das Haus des Norwegers,
der aus dem Beruf ausgestiegen und hier sich neuen Sinn erhofft –
Der Kamin ragt wie ein weißer Finger hoch,
die Bougainvillea rankt an den blendend weißen Wänden hoch –
Die Terrasse ist wunderschön, der Blick phantastisch –
So weit das Auge sehen kann, erblickt es Wasser, Wellen, Strände –
Paros, die andere Kykladeninsel, liegt gegenüber,
die Konturen verschleiert vom Dunst –
Ab und zu ein Schiff, das wie unsichtbar gezogen,
seine Fahrt nimmt, dem Hafen von Naxos zu
oder zum offenen Meer, nach Santorini oder auch Athen –
In der Bucht liegen die kleinen Tavernen
mit ihren Terrassen im Sand, direkt am Strand,
die fangfrischen Fische rösten auf dem Grill,
die bunten Salate in großen Schüsseln,
der Landwein gekühlt in Krügen,
das Brot, noch warm, mit krosser Kruste –
Griechen sitzen hier, ein paar Fischer oder Bauern,
wenige Touristen zu dieser Zeit des Jahres –

Das Wasser plätschert direkt vor meinen Füßen,
ein kühler Wind streicht über meine Stirn,
so sitz ich da und ruh mich aus –

Wasserspiele

Am frühen Morgen,
die Luft ist noch kühl, wie Glas so klar –
Ich bin am Strand, die meisten Surfer schlafen noch
in ihren Campingwagen,
die in allen Größen und Preisklassen

für eine Weile ihr Zuhause sind –
Der Strand ist menschenleer –
Wohlstandsmüll verrät die Menschen –
An der Wasserkante liegen viele Steine,
winzig kleine Muscheln, die wie aufgefädelt scheinen –
Ein wenig Schaum verziert den Rand des Wassers,
seine vielen Bläschen liegen auf dem hellen Sand –
Der Wind, der sonst so kräftig bläst,
schläft zur frühen Stunde noch –
Auf dem Meer spielt das Licht mit den Wellen –
Auf der Wasseroberfläche ist ein goldenes Lichtnetz ausgebreitet –
Kleine Quadrate unterteilen die Wellen,
jedes Viereck umrahmt von Sonnenschein –
Das sanfte Schaukeln der Wellen verzieht ein wenig nur
die Konturen des gleichmäßigen Musters –
Ich wünschte, ich könnte es malen –
Auf meiner Netzhaut abgebildet,
behalte ich es in Erinnerung –

Hin und her geht mein Atem –
Dem Muster gleich schwingt er sanft hin und her –
Ein und aus – ein und aus –
Ich bin so ruhig, gelöst, entspannt, und träum ein wenig weiter.

Sonnenuntergang

Fast jeden Abend sitze ich und warte auf ein Schauspiel,
das ohne Eintrittsgeld hier gespielt –
Im Juli früh, im Herbst viel später
geht die Sonne, höchst dramatisch,
hinter der Insel gegenüber unter –
jeden Tag ein neues Farbspektakel,
mal ist die Sonne rot wie Feuer,
mal gelb, orange, mal groß, mal kleiner,
mit und ohne Wolken –

Sind Wolken da,
so verändern auch sie minutenschnell Form und Farbe –
Es ist spannend, dem zuzuschauen,
nie werde ich müde, es zu sehen,
Stunden kann ich dann so sitzen,
und nur zum Himmel, dieser großen Bühne blicken –
Der letzte Augenblick, bevor die Sonne schwindet,
nimmt den Atem, bannt die Seele,
dann brennt der Himmel, lichterloh,
neue Farben entstehen, von kühnen Malern hingeworfen –

Jeden Abend das gleiche Spiel, die gleiche Freude –
Die Farben tauchen tief in die Seele,
sie schaffen Ruhe – entspannen mich –
Der Tag war schön, die Nacht kann kommen,
in der ich Ruhe und viele Träume finden werde.

Mondaufgang

Wenn der Tag sich verabschiedet hat,
die Nacht mit ihrer Stille naht,
dann sitz ich gern im Garten, um zu warten,
bis der Mond im Osten hinterm Berg erscheint –
Mikri Villa, ein winziger Ort,
ohne Kirche, Rathaus, Marktplatz oder Hafen,
nur eine Hand voll verstreuter Häuser,
drei Tavernen, kein Gedränge – nirgendwo –
An einem Abend, an dem sich der Wind versteckt,
vielleicht in den Büschen, die leicht rauschen,
in den Wellen, die sanft rollen,
tanzen wir zu meditativer Musik –
Da steigt er auf, der Kinderwunschballon, der Mond,
er ist so riesig, dass keine kleine Hand ihn halten könnte –
Wir tanzen, gebannt von seinem kühlen Licht,
und wie ein Wunder, so will's mir scheinen,

folgt er mir hin und her, mal links, mal rechts,
als tanze er mit mir,
die gelbe Kugel liegt lose auf des Berges Kuppe,
auf der sie hin und her sich rollt –
Ein Zauber, der mich gefangen hält –
Es ist, als wolle auch die Seele tanzen,
zusammen mit dem Mond ein galantes Duett,
die Freude als Gefolge –
Wie wenig braucht's doch, um fröhlich sich zu fühlen,
die Seele aufzuhellen –

Die Ruhe der Nacht ist auch im Körper wohl zu fühlen –
Gelöst, entspannt sind alle Glieder,
das Tanzen macht die Seele heiter, Körper und Geist ganz locker –
Schöne Träume werden folgen.

Märchen und Märchenreisen

Die Märchen und Märchenreisen unterscheiden sich von den »klassischen« Volks- (Grimm) und Kunstmärchen (z. B. Andersen), in denen Gut und Böse stark polarisiert werden und die »Moral von der Geschichte« Schwerpunkt ist. Der meist sehr lehrreiche oder dramatische Schluss eines Volksmärchens eignet sich deshalb auch selten als Gute-Nacht-Geschichte, für die es keines hohen Spannungsbogens, der am Schluss auch wieder aufgelöst werden muss, bedarf. Die Märchen oder Märchenreisen in diesem Buch enthalten zwar keine Moral im eigentlichen Sinne, aber eine Ethik. Es gibt keinen Sieger auf Kosten anderer oder Schwächerer. Sie plädieren für die Bewahrung der Natur mit all ihren lebendigen Geschöpfen und weisen, ohne erhobenen Zeigefinger, auf ihre Verletzbarkeit, Zerbrechlichkeit hin.
In diese pädagogisch-therapeutisch konzipierten Märchen sind die Formeln und Impulse des Autogenen Trainings entweder integriert oder sie werden am Ende angefügt. Mit den »klassischen« Märchen verbindet sie die bilderreiche Sprache. Bildersprache, Spannungsbögen, poetische Inhalte sowie die therapeutischen Elemente aus dem Autogenen Training sind die Medien, Vermittler zu der gewünschten Entspannung, der Möglichkeit zum Träumen und Erholen.
Die Phantasie spielt in den Märchen dieses Buches eine große Rolle. Sie ist immer Helferin und Siegerin in den unterschiedlichsten Situationen. Sie zeigt dem Kind oft Wege, die es gefahrlos begehen kann. Die Märchen appellieren an die eigene Kraft und Stärke des Kindes, an seine kreativen Energien. Sie wollen an göttliche oder universelle Kräfte erinnern, auf die zu vertrauen Hilfe für viele (kritische) Lebenssituationen sein kann.

Anregungen zum Vorlesen

Sicher bedarf es für das Vorlesen keiner großen Erklärungen. Jeder wird am besten wissen oder schnell merken, was ihm oder seinem Kind gut tut. Liest man ein Märchen für sich allein, kann man Ort, Zeit, Text und Körperhaltung nach Lust und Laune selbst bestimmen. Auch ob man danach noch ein wenig träumt, meditiert, Musik hört oder ein kleines Schläfchen macht, ist individuell variierbar.

Werden die Märchen am Tage als »Entspannungsgeschichten« verwandt, sollten der Raum nicht zu hell und überflüssige Lärmquellen ausgeschaltet sein. Der Vorlesende sollte langsam, ruhig und mit »Schonstimme« vorlesen. Der Zuhörende muss die »Bilder« des Märchens erst in seine Vorstellungswelt transportieren und dort zu eigenen Bildern umsetzen. Über das Märchen, eigene Bilder und Gefühle nach dem Ende des Märchens gemeinsam zu reden hat eine auch entlastende Funktion. Die Erfahrungen können außerdem mit kreativen Mitteln wie Malen etc. gestaltet werden. Die Märchen werden meist noch eine Weile die Phantasie des Kindes beschäftigen, es wird sich mit den Abenteuern und deren Bewältigung befassen und versuchen, diese Erfahrung in sein persönliches Leben zu integrieren.

Die kursiv gezeichneten Textstellen enthalten die therapeutischen Impulse und Formeln des Autogenen Trainings, Atemberuhigungen sowie formelhafte Vorsätze. Diese Passagen sind besonders geeignet, Ruhe und Entspannung zu fördern oder die eigene Phantasie »fliegen« zu lassen, zu träumen. Oft stehen diese Textstellen am Ende einer Geschichte und leiten so in einen angstfreien Schlaf hinein.

Gute-Nacht-Geschichten sind für Kinder als Einschlafritual unverzichtbar. Es sind Glückskinder, die mit Märchen aufwachsen. Märchen gehören zu einer glücklichen Kindheit wie der Tag zur Nacht.

Der Zauberbaum

Auf einem langen Weg durch den großen Wald siehst du von ferne einen riesigen Baum. Er hat einen dicken Stamm, seine Rinde ist rau und zerklüftet. Der Baum streckt seine Äste weit von sich. Viele, viele Blätter bewegen sich leise im Wind. Die Blätter scheinen nach einer Melodie des Windes zu tanzen. Der Wind singt ein Lied. Der Baum versteht es. Du kannst es hören.
Über dir wölbt sich die Krone des Baumes wie ein grünes Dach. Durch die Äste schimmert ein wenig Blau und Silber. Es ist der Himmel, der durch die Blätter blitzt.
Bunt schillernde Vögel schwingen sich durchs Gezweig. Bienen und auch Schmetterlinge fliegen umher. Du hörst ihr Summen und Schwirren. Alles ist froh und leicht. Plötzlich hörst du eine Stimme. Es ist eine Stimme, die aus dem Baum herausklingt. Es scheint der Baum zu sein, der zu dir spricht. Er sagt: »Du Menschenkind, höre, was ich dir sage. Ich bin ein Zauberbaum. Wenn du Kummer hast, dann komm zu mir. Ich gebe dir Kraft, viel Kraft ist in mir, ist auch in dir. Nutz diese Kraft. Dann ist vieles leichter. Glaub an dich und deine Kraft. Du bist stark und hast ein gutes Herz. Hol dir die Kraft heraus.«
Du bist erstaunt, den Baum sprechen zu hören. *Aber seine Stimme ist so beruhigend und tröstlich, dass du dich jetzt ganz wohl fühlst. Du fühlst dich wohl und geborgen. Du weißt, du bist stark und hast ein gutes Herz. Du brauchst nicht zu verzagen, wenn du nur fest an dich und deine Kraft glaubst.*

Das gläserne Boot

Du fliegst auf den Flügeln deiner Phantasie in ein fernes Land. Es liegt am Meer. Lange helle Sandstrände säumen die Küste wie eine Kette von schimmernden Perlen. Hinter dem Sand wachsen hohe Palmen, Büsche und viele Blumen.
Das Meer ist ruhig. Seine Wellen gehen sanft auf und ab. Auf und ab. Wie dein Atem. Ein und aus gleich auf und ab.

Ein Boot liegt im Sand vertäut. Du steigst ein und siehst, dass es aus Glas ist. Es löst sich aus seiner Vertäuung und gleitet aufs Meer hinaus. Du bist ganz ruhig und gelassen. Nachdem es eine Weile auf dem ruhigen Meer hinausgefahren ist, taucht es in das Wasser hinein. Ganz sachte und ruhig taucht es tiefer und tiefer. *Da es aus Glas ist, kannst du alles sehen, was um dich herum geschieht.*
Fische, ganze Schwärme von Fischen ziehen vorüber. Es sind kleine, große, bunte und auch bizarre unter ihnen. Sie bewegen sich flink. Sie flitzen hin und her. Manchmal machen sie kehrt, als hätten sie ein unhörbares Kommando bekommen. Einige sehr große Fische bewegen sich langsam und anmutig im Wasser. Sie schauen dich neugierig an. Seetang und andere Wasserpflanzen schwingen hin und her. Wie zarte, grüne Schleier wehen sie im Wasser hin und her.
Das Meer ist ruhig, die Sicht ist klar, und deshalb kannst du weit sehen. Du kannst bis zum Grund sehen. Du kannst ganz weit die Umgebung sehen. Du siehst so viel.
Du schaust dir alles an.
Du fühlst dich wohl.
Du bist ruhig und entspannt.
In dir ist eine große Ruhe.

In einer alten Burg

Es ist Sommer. Ein warmer, sonniger Tag hat begonnen. Das eiserne Tor zur Burg ist an einigen Stellen schon verrostet. Wenn es geöffnet wird, knarrt es unfreundlich, so, als wolle es keinen Fremden hereinlassen.
Du kannst aber hineinschlüpfen.
Im Hof der alten Burg sprießt das Gras zwischen den mugeligen Steinen. Katzenkopfpflaster nennt man diese Steine. Inmitten des Hofes steht eine alte Linde. Um sie herum ist eine hölzerne Bank angebracht. Sie lädt zum Verweilen ein. Der Burgturm ist mit Efeu umschlungen. Aus kleinen Luken weit oben im Turm fliegen die Turmfalken. Sie haben ihre Nester in den Luken. Ab und zu streckt

eines der Jungen das Köpfchen neugierig heraus. Die Jungen sind immer so hungrig, dass die Vogeleltern unentwegt nach Nahrung suchen müssen, damit ihre Kinder satt werden.

Der Kamin raucht und zeigt an, dass in der Burgküche gekocht wird. Die Burgküche ist dunkel, sie hatte in alter Zeit keine Fenster. Der Rauch des offenen Herdfeuers zieht geradewegs durch den Kamin zum Himmel. Da kein Wind an diesem Tag geht, weht er wie eine lange Fahne aus dem Dach.

Große Stücke Fleisch hängen am Spieß über dem Feuer. Viele Münder wollen gefüttert werden. Kartoffeln in vielen Eimern warten darauf, geschält zu werden. Riesige Kohlköpfe liegen im Wasser. Aus ihnen wird Gemüse gekocht, das alle mögen. Aus dem Backofen wird knuspriges Brot herausgehoben. Auf Schiebern wird es aus dem Ofen geholt. Ein köstlicher Duft hängt über allem. Du schaust dir vieles an.

Du fühlst dich wohl, bist ruhig und entspannt. Eine große Ruhe ist in dir.

Die blaue Blume

Du machst dich auf den Weg, die blaue Blume zu suchen. Du wanderst durch einen dichten Wald. Hohe, schlanke Bäume, die wie Säulen eines Domes vor dir aufragen. Ihre dichten Kronen aus Blättern wölben sich wie ein Dach über dir. Du gehst über weichen Waldboden. Das Laufen ist hier ganz anders als auf den Straßen der Stadt. Die sind so hart und steinern. Dort werden deine Füße bald müde, aber hier im Wald läufst du über Erde, Moos und Gras. Das tut deinen Füßen wohl.

Wenn du im Wald bist, nimmst du auch den Duft des Waldes wahr. Es riecht so frisch nach all den Pflanzen. Das Laufen durch den Wald macht dir Freude. Der breite Weg endet an einem Dickicht. Ein schmaler Pfad windet sich durch das Grün. Du schlängelst dich da durch. Bald ist das dichte Grün zu Ende, und du stehst auf einem moosigen Pfad. Nach ein paar Schritten schon siehst du Wasser vor dir funkeln. Still und fast unbeweglich liegt es da, wie ein großes

Auge. Du gehst weiter auf den See zu und stehst bald an seinem Ufer. Dort lässt du dich auf dem weichen Gras nieder, das noch warm ist von der Sonne des Tages. Du schaust auf das Wasser. *Es ist alles so ruhig, so ruhig. Du fühlst diese Ruhe auch in dir.*
Nach einer Weile des Schauens siehst du plötzlich eine Bewegung im Wasser. Die spiegelglatte Oberfläche bewegt sich. Es beginnt zu brodeln wie kochendes Wasser. Du schaust gebannt dorthin. Es steigt etwas aus der Tiefe des Wassers auf. Eine Blume, eine Blume in strahlendem Blau. Sie wächst aus dem Wasser wie ein schlanker Springbrunnen. Ihr hoher Stiel ist umgeben von zarten Blättern. Nun siehst du, wie sich die Blume ganz, ganz langsam öffnet. Die Blüte öffnet sich langsam und wie von Zauberhand. Sie hat ein tiefes Blau. Es ist wie das eingefangene Blau des Himmels über dir. Es ist eine Zauberblume, diese blaue Blume. *Wer sie einmal erblickt hat, darf sich etwas wünschen. Wünsch dir was. Und träum ein wenig weiter.*

Sternenboot

Am Anfang des Himmels, dort, wo er sich mit der Erde trifft, steht für Kinder mit Phantasie ein Sternenboot. Sie können es besteigen, wann immer sie wollen. Vor dem Einschlafen ist eine besonders gute Zeit für eine Reise mit dem Sternenboot.
Vielleicht magst du einsteigen.
Du sitzt ganz bequem in deinem Sternenboot und spürst, wie es abhebt. Es fliegt, schwebt langsam aufwärts. Du siehst den Himmel über dir, wie ein unendlich großes, dunkelblaues Zelt. Es scheint aus feinstem, blauem Samt zu sein. Langsam gewöhnt sich dein Auge daran. In das Blau mischen sich nun kleine helle Lichtpünktchen. Dein Sternenboot kommt ihnen näher, und du kannst erkennen, dass es kleine Sterne sind. Das Boot schwebt ihnen ruhig entgegen. *Es ist ganz still im Sternenboot, sodass du deinen eigenen Atem hören kannst. Er geht ganz ruhig ein und aus. Ruhig ein und aus.*
Die Sterne werden größer, du kommst ihnen immer näher. Du

kannst sehen, dass kein Stern dem anderen gleicht. Jeder hat eine besondere Form und Farbe. Du kannst dich gar nicht satt sehen an diesen vielen schönen, unterschiedlichen Sternen. *Alle schaust du dir an. Entdeckst viel dabei.*

Das Sternenboot schwebt ohne Erschütterung, ruhig durch die Sterne hindurch. Von weitem siehst du eine große Helligkeit. Du wünschst dir, dass das Boot sich ihr nähere. Das Sternenboot gehorcht deinem Wunsch. Es schwebt sanft dorthin. Du siehst jetzt, dass die Helligkeit eine große Milchstraße ist. Eine Milchstraße aus Millionen und Abermillionen kleiner Sterne. Sie funkeln und blitzen. Um dich herum wird es ganz hell. Die Helligkeit schwebt um dich herum. *Du bist eingetaucht in diese Helligkeit. Es ist ein tolles Gefühl, in der Milchstraße förmlich zu baden. Die Helligkeit dringt in deinen Körper, in deine Seele, und du fühlst dich ganz leicht und froh. So leicht und wohl, dass du in einen friedlichen Schlaf versinkst. Du wirst ruhig und gut schlafen.*

Jahrmarkt

Komm mit uns zum Jahrmarkt. Dort ist alles bunt und voller Überraschungen.
Schon von weitem erahnst du die Wolke aus Düften von Würstchen, gebrannten Mandeln, Honigkuchen und vielem mehr über der kleinen Stadt aus Illusionen und Tand.
Die Karussells drehen sich um ihre Achse, sie fliegen, schweben, sausen, mit lachenden Menschen besetzt.
Spiegel in allen Formen zeigen dich dick, dünn, kurz oder überlang. Du kannst Fratzen schneiden. Bist wie Dracula, machst dir selbst fast Angst.
Männer schreien Lose aus, der Gewinn ein rosaroter Teddybär.
Lebkuchenherzen mit dem Namen der Liebsten, rotem Band und Zuckergussverzierung.
Bonbons in allen Regenbogenfarben, in Kästen liegen sie zuhauf.
Ein traurig blickendes Äffchen, eine Kette um den Hals, sitzt auf

einem alten Leierkasten. Es nagt an einer Nuss. Die kleinen Hände schrumplig braun.

Ein Bär, aufrecht, dreht sich nach fremden Klängen. Im Kinderkarussell reißen die Kleinen ihre Augen auf. Ein wenig Angst und viel Vergnügen.

Das Riesenrad: wenn es am höchsten steht, dann überblickst du die ganze Stadt bis hin zum Fluss, wo Schiffe, von hier aus klein wie aus Papier gefaltet, ziehen.

Die Gespensterbahn: in kleinen Wagen sitzend, durchfährst du aufgemaltes Grauen.

Aufatmend wieder draußen an der Luft, inmitten vieler Menschen, suchst du dir einen Platz zum Ruhen.

Du bist müde von all dem Schauen.

Am Rande des großen Platzes, hinter einem Zelt, in dem die Gaukler wohnen, ist ein Fleckchen Gras, dicht und grün. Die Sonne scheint, die Wärme tut jetzt gut. Du legst dich dort hin und genießt die Ruhe. Der Trubel scheint weit weg von dir. Ganz plötzlich bist du raus aus der Menge, bist allein. Du fühlst dich wohl. Der Wechsel, erst inmitten von Menschen, Nähe, Lärm, Gedrängel und nun die Ruhe, die wie ein Mantel dich umhüllt! Ganz geborgen in dir selbst liegst du auf einer kleinen Insel aus Grün. Die Glieder werden dir schwer, die Sonne wärmt dich, Ruhe durchströmt dich. Du bist schwer, warm und ganz entspannt. Die Bilder laufen wie ein Film noch einmal vor dir ab, bis auch sie sich verlieren. Die Gedanken fallen dann aus deinem Kopf, auch hier zieht Ruhe ein. Du fühlst dich wohl.

Der Rothäubchenpilz

In einem dichten Forst lebt eine große Familie von Pilzen. Viele Arten wohnen hier friedlich zusammen. Sie stehen auf weichem, grünem Moos, das herrlich duftet.

In der Familie der Rothäubchen lebt ein sehr junger Pilz, der manchmal recht mürrisch ist. Er ist so winzig klein, dass sich seine Geschwister oft lustig über ihn machen. Das ärgert ihn sehr. Sein rotes Häubchen wird dann vor Zorn ganz blass. Darüber wird er noch wütender.

Seine Stimmung ist wieder einmal so verdrießlich, dass sein Oheim, ein dicker, alter Steinpilz, sich seiner erbarmt. Er ruft die kluge Elster zu sich und bittet sie um Rat. Die Elster, ein schöner schwarzweißer Vogel, legt den Kopf zur Seite, schließt die Augen und denkt nach. Sie denkt lange nach. Endlich verkündet sie das Ergebnis ihrer Überlegungen unserem winzigen, verdrießlichen Rothäubchenpilz.

Ihr Rat heißt: »Ärgere dich nicht über dein Kleinsein. Es gibt große und kleine, dicke und dünne Pilze. Aber wenn du unglücklich bist, versuche dich vor allen Dingen nicht mehr zu ärgern, der Ärger frisst all deine Kräfte und Energien auf, die du auch brauchst, um zu wachsen. Wenn du fröhlich in den Tag hineinlebst, wirst du wieder mehr Kraft zum Wachsen haben. Darüber hinaus benutze die große Kraft der Sonne. Sie ist eine wichtige Lebensspenderin. Ihre Wärme kommt allem Leben zugute.

Ich gebe dir noch einen kleinen Rat. *Wenn du so in deinem weichen, warmen Moos liegst, fühle, wie die Sonne auf deinen ganzen Körper scheint. Du fühlst die warmen Strahlen, wie sie deinen Körper wärmen. Dir wird dann richtig warm, wohlig warm. Über deine Stirn fühlst du einen sanften, kühlen Wind wehen. Du fühlst dich ganz wohlig und warm.*

Du genießt die Sonne und ihre Wärme.«

Rothäubchenpilz befolgt den Rat der klugen Elster. Es hört allmählich auf, sich über sein Kleinsein zu ärgern. Auch die Neckereien seiner Geschwister machen ihn nicht mehr verdrießlich. Er lacht schon mit ihnen darüber. Und ganz langsam verändert sich seine Stimmung, sie wird besser und fröhlicher, so sehr, dass er oft vergnügt vor sich hin summt. Er reckt und streckt sich, ist selbstbewusst und sicher. Und eines Tages bemerkt er, dass er gar nicht mehr der kleinste Pilz in der großen Familie ist.

Die Tränen der Wolke

Als die Erde noch eine riesige Wüste war, auf der nichts wuchs und gedieh, gab es dort auch keine Menschen und Tiere. Alles war ohne Leben, es war öde und leer. Der Himmel wölbte sich über diese kahle Erde, und die Wolken schauten oft neugierig zu ihr hinunter, ob sich denn dort nichts tun würde. Aber es bewegte sich nichts. Alles schien ruhig und ohne Leben.

Eine der vielen Wolken war besonders rund und kuschelig. Sie war sehr munter und spielte gerne Verstecken und Fangen mit ihren vielen Geschwistern. Übermütig versteckte sie sich dann hinter ihrer Tante, einer dicken, alten grauen Wolke, die viel zu träge war, um die weiten Strecken der Wolkenreise mitzumachen. Sie blieb meist an ihrem angestammten Platz, von wo sie einen besonders guten Ausblick zur Erde hatte. Außerdem war sie dort vor dem Lärm der spielenden Wolkenkinder ein wenig geschützt. Das muntere Gejohle und Herumgerenne der Wolkenkinder freute sie zwar, aber ihre Ohren waren mit den Jahrhunderten etwas empfindlich geworden. Sie hatte nichts dagegen, wenn eines der Wolkenkinder sich hinter ihr oder in ihrem weichen Schoß versteckte. Besonders gerne hatte sie unsere kleine, weiße Kuschelwolke.

Durch das Zusehen beim Wolkenspiel wurde sie oft so schläfrig, dass sie ihre Augen schloss und vor sich hin träumte. Sie fühlte sich dann ganz schwer und entspannt. Ihr war schön angenehm warm. Es war so richtig wohlig. Sie träumte dann ein wenig und schlief auch schon einmal dabei ein.

(Fortsetzung am nächsten Abend:)
Eines Tages spielten die Wolkenkinder wieder einmal Wolkenschieben. Da musste immer eines der Wolkenkinder versuchen, eine etwas größere und ältere Wolke zur Seite zu schieben. Das war ein lustiges Spiel, und sie erprobten daran auch ihre wachsenden Kräfte. Einige Wolken waren aber recht ungestüm und schubsten manch kleine Wolke etwas unsanft zur Seite. Unsere Kuschelwolke wurde von ihrem älteren Vetter, einer etwas auseinander gerupften Wolke, so heftig geschubst, dass sie plötzlich das Gefühl hatte, sie fiele aus dem Himmel heraus. Das machte ihr Angst. Sie erschrak so sehr,

dass sie anfing zu weinen. Das war etwas ganz Neues. Denn Wolkenkinder weinen nicht. Sie kennen das gar nicht. Der Kuschelwolke fielen dicke, dicke Tränen aus den Augen. Alle anderen Wolken schauten gebannt zu. Noch nie hatten sie so etwas gesehen. Die Tränen kullerten der kleinen Kuschelwolke unablässig aus den Augen und fielen aus dem Himmel heraus. Sie legten einen langen Weg zurück und fielen bis hinunter zur Erde. Kuschelwolke musste immer weiter weinen, sie konnte gar nicht aufhören damit.

Plötzlich rief die alte Wolkentante. »Schaut mal hinunter zur Erde, da ist ja alles grün geworden! Kleine Flüsse und Seen haben sich gebildet, und da bewegt sich ja auch etwas.« Alle schauten zur Erde und waren ein wenig aufgeregt. Richtig. Die alte, verdorrte Erde sah nun ganz anders aus. Grüne Wälder und Wiesen, blitzende Bäche und Seen veränderten das Bild. Merkwürdige Wesen bewegten sich überall. Tiere und Menschen gab es nun auch auf der Erde. Es war ein reges Leben erwacht. Es blühte, grünte, wuchs und gedieh. Das sah viel schöner aus als früher, als alles grau in grau schien.

Die kleine Wolke hörte auf zu weinen. Sie war sehr verdutzt, was da durch sie geschehen war. Alle anderen Wolken bewunderten sie jetzt sehr.

Aber sie fühlte sich nun doch etwas müde von der schweren Arbeit, dem Benetzen der Erde durch die Tränen. Sie kuschelte sich an ihre Wolkentante. Ihre Glieder wurden schwer, sie entspannte sich. Ganz gelöst fühlte sie sich jetzt. Eine wohlige Wärme durchzog sie. Ihr Atem ging ganz ruhig. Sie spürte, wie er ruhig ein und aus ging. Ganz ruhig ein und aus. Nach einer Weile versank sie in bunte Träume.

Ein Glückskind

Ein Glückskind ist ein Kind, das eine reiche, farbige Phantasie hat und des Nachts die schönsten Träume träumt. Das Glückskind weiß um seinen Schatz, den es in sich birgt. Weiß um seine eigene Kraft und Stärke. Eines Nachts schläft das Glückskind ruhig und träumt einen schönen Traum. Die Phantasie lädt es ein, mit ihr auf Reisen zu gehen. Sie nimmt das Glückskind auf ihre Flügel und fliegt mit ihm ins Nachtblau des Himmels. Dort funkeln und leuchten die Sterne in vielen Formen und Farben. Sie fliegen durch ein Meer aus Sternen. Jeder Stern hat seinen eigenen Klang. Mal hell, mal dunkel klingt es durch die Nacht.

Das Glückskind staunt und freut sich über die Schönheit der Nacht. Geborgen, geschützt und gewärmt, liegt es auf den Flügeln der Phantasie. Leuchtend segelt der Mond durch all die schimmernden Sterne. Plötzlich sieht das Glückskind, dass am Mond eine Schaukel hängt. Es ist die Mondschaukel. Sie hängt an silbernen Schnüren. Das Glückskind setzt sich auf die Schaukel, und sie beginnt sacht zu schwingen.

Ganz ruhig schwingt sie, hin und her, hin und her.
Wie der Atem schwingt sie, hin und her, gleich ein und aus.

So vergeht die Zeit aufs Angenehmste, und bald nimmt die Phantasie das Glückskind wieder mit auf die Reise. Nach einer Weile blinkt es plötzlich golden durch die Nacht. An einem Stern hängt ein goldenes Netz. Wie eine Hängematte aus feinen goldenen Fäden, gewirkt und geflochten von der Königin der Sterne. Das Glückskind gleitet sanft hinein.

Sicher und geborgen liegt es dort und schwingt ruhig, hin und her, hin und her. Es ist sehr beruhigend. Eine große Ruhe wird fühlbar.

Das Glückskind träumt. Bald nimmt die Phantasie es wieder auf ihre Flügel und gleitet durch den wundersamen Himmel. Dort darf sich das Glückskind einen Stern auswählen. Es ist nun sein Stern, ein Glücksstern, der nur ihm gehört. Ihm kann es alles anvertrauen, von seiner Kraft sich nehmen, so viel es braucht.

Wann immer es zum Himmel schaut, zur Nacht, die keine Angst mehr macht, findet es dort seinen Stern. Den Glücksstern, der es begleitet, ihm Trost und Geborgenheit schenkt.

Wie schön ist es, ein Glückskind zu sein, das eine reiche, farbige Phantasie hat und des Nachts die schönsten Träume träumt. Kein Geld und Gold auf dieser Welt kann diesen Traum dir bieten.

Der Bär

In einem Zoo lebt ein Bär seit vielen Jahren.
Groß und schwer ist seine Gestalt, dunkelbraun sein Fell.
Lange schon lebt er hinter Gittern und träumt vom Freisein.
Eines Tages hat der Wärter vergessen, die Käfigtür zu schließen.
Der Bär erblickt die Chance. Fröhlich läuft er heraus.
Er läuft und läuft, dem Duft der Wälder nach.
Eines Tages ist er angekommen. In einer Landschaft voller
Schönheit.
Mit Bergen und Tälern, Wiesen und Weiden, Flüssen und Bächen.
Alles, was ein Bär so braucht.
Es ist sein Platz, hier will er leben.
Vom langen Laufen ist er müde geworden. Sehr müde.
Er schüttelt alles Leid der letzten Jahre von sich ab.
Aus duftendem Moos macht er sich sein Lager, zufrieden legt er
sich hin.

Schwer sind seine Glieder, schwer, ganz schwer.
Sein Körper sinkt entspannt tiefer in das Moos, das nach Wald und
Freiheit duftet.
Ruhig und entspannt liegt er da und träumt die schönsten Träume.

Sonne, Mond und Sterne

Als die Vögel zu singen beginnen, erwacht der Morgen. Die Sonne
gähnt, reckt und streckt ihre Strahlen aus. Ihr Licht vertreibt die
Schatten, und ihre Wärme erfüllt den Tag.
Alles wird belebt von Licht und Wärme.
Die Wolken ziehen vorüber. Sie gehen auf eine lange Reise um die
ganze Welt. Viele Wolken sind beladen mit Sorgen, Wünschen und
Hoffnungen von Menschen. Sie ziehen damit weiter, immer weiter,
bis sie am Horizont verschwunden sind. Die Wolken mit den Wünschen und Hoffnungen, sie kommen nach einer langen Reise, oft auf

wundersame Weise verwandelt, wieder zurück, zur Freude des Menschen.

Als der Tag vorüber ist, zieht sich die Sonne langsam hinter den Horizont zur Ruhe zurück, und das Taghell erlischt. Die Schatten werden länger, und die Dunkelheit bricht an. Der Himmel färbt sich nachtblau. Die Sterne, die sich allmählich am Himmel versammeln, wirken wie kleine Lichtpunkte, die langsam größer und größer werden. Jeder Stern hat seine eigene Form und Farbe. Sie schimmern und funkeln wie Diamanten auf blauem Samt.

Der Mond schiebt sich dazwischen und segelt ruhig am Himmel weiter. Beruhigend wirkt sein Licht zwischen dem Gefunkel der Sterne.

Märchen vom Mann im Mond und der Mondgöttin werden lebendig. Von Mondschaukeln lässt es sich gut träumen und auf der Silberlichtstraße des Mondes fröhlich fliegen. Ein wenig Silberstaub der Sterne fällt in deine Hände.

Sonne, Mond und Sterne, sie erzählen Glückskindern ihre schönsten Märchen und Geschichten.

Ruhig bist du, gelöst und ganz entspannt. Tiefe Ruhe durchströmt dich.

Vor der großen Stadt

Eine hohe, dichte Hecke verbirgt das Haus. Ein Bollwerk gegen den Rest der Welt. Eine grüne Insel inmitten eines betonierten Alltags. Mit einem Schritt bin ich in einer anderen Welt. Weite Räume, eine breite Fensterfront, durch die Sonnenlicht hineindringt. Das Weiß der Wände bedeckt mit leuchtstarken Bildern. Das strenge, kalte Weiß versteckt, verhüllt durch die Farben der Träume, gemalt und festgehalten in Bildern aller Größen.

Ein von Glyzinien umrankter Balkon lädt ein, das Dorf am Rand der Großstadt, viele Wiesen und die sanften Hügel des Gebirges mit einem Blick zu schauen.

Im Garten gestaltete Visionen anderer Länder und Kulturen. Ein

Hauch Exotik. Ein winziger Teich, Bambus, Seerosen, ein hölzerner Steg und große Steine laden ein zu Meditation, zum Innehalten, zur Stille. Umrahmt von hohen Kiefern und Tannen, ist es eine Oase im Alltag. In einer lauten Welt, die die Stille schon vertrieben hat.

Der frühlingsfrohe Gesang der Vögel erfüllt die Luft, die winterkalt dem Osterfest zu trotzen scheint.

Versteckt ein kleines Gartenhaus aus Glas. Inmitten all dem Grün, scheint es wie ein Spielhaus von Alice im Wunderland.

Die Ruhe wird fühlbar. Sie strömt durch Körper, Geist und Seele. Du fühlst dich wohl und träumst ein wenig weiter.

Der Stein

Auf dem Gipfel eines hohen Berges liegen viele Steine. Steine in allen Formen und Farben, glatte, raue und kantige.

Der Windstoß weht über die Steine, bewegt sie ein wenig hin und her.

Ein zweiter Windstoß ist kräftiger, und die Steine bewegen sich von ihrem Platz, berühren einander, liegen über- und nebeneinander. Doch ein Stein rollt von den anderen fort.

Er rollt weiter, den Berg hinab. Er rollt weiter, immer weiter, bis er an einem großen, blauen Meer angekommen ist.

Dort bleibt er im weichen, warmen Sand des Strandes liegen. Er fühlt sich wohl, genießt die Wärme des Sandes und die Sonne. Genießt den weiten Blick über das Blau des Meeres.

Der Stein, er fühlt, er ist angekommen. Er hat seinen Platz gefunden.

Tief sinkt er in den Sand, fühlt, wie weich und warm er ist. Er hört das Rauschen des Meeres. Das ewige Spiel der Wellen, sie kommen und gehen, gestern, heute und auch noch morgen. Der Stein, er glaubt, das Salz zu schmecken.

Ein großer Vogel kreist am Himmel. Immer größer werden seine Kreise.

Ruhe geht davon aus. Ein Gefühl von Freisein, Leichtigkeit ist damit auch verbunden.
Der Stein, er fühlt sich wohl, liegt gelöst, entspannt, schwer und warm im Sand und träumt bald die schönsten Träume.

Auch du fühlst dich schwer und wohlig warm.
Du bist ruhig, gelöst und ganz entspannt.
Schwer und warm bist du und völlig ruhig.

Der Wunschbaum

Du siehst in deiner Phantasie einen großen, schönen Baum vor dir.
Du siehst seine Wurzeln, die tief und sicher in der Erde verwurzelt sind. Standhaft ist der Baum, kein Sturm kann ihn stören oder ihm schaden.
Sein gerader Stamm wächst dem Himmel entgegen.
Seine Äste breiten sich wie ein schützendes Dach aus.
An den Ästen hängt etwas, wie Früchte sieht es aus.
Du kannst dir welche pflücken. Es sind Wünsche. Jedes Ding ist ein Wunsch. Ein Wunsch, der nicht mit Gold und Geld zu haben ist.
Du hast den ersten in deiner Hand. Er ist vielleicht aus alten Zeiten. Vielleicht ein Wunsch aus Kindertagen. Schau ihn dir an, von allen Seiten.
Der nächste ist ein Wunsch von heute oder morgen.
Auch diese siehst du von allen Seiten dir an. Manches geht dir durch den Sinn. Du nimmst dir Zeit und auch Gelassenheit, um den Sinn von manchem Wunsch zu ergründen. Vielleicht auch, was seiner Erfüllung im Wege stand und noch immer steht.
Doch bald kannst du sie loslassen. Wirf sie in den Himmel, schick sie auf den Weg.

Du fühlst dich wohl. Leicht und frei.
Ruhig bist du und ganz entspannt.

Ein Wintermärchen

Der Himmel ist mit einer dicken Decke aus grauen Wolken bedeckt. Der Wind reißt an der Himmelsdecke, und plötzlich fallen die ersten Schneeflocken lautlos zur Erde. Der Wind wirbelt sie durch die Luft. Wie ein dichter Vorhang fällt der Schnee zur Erde. Er fällt auf die winterkahlen Büsche und Bäume und umhüllt sie schützend. Wie verzauberte Wesen aus einer anderen Welt wirken sie. Wesen aus des Eiskönigs Welt, einer Welt, in der alle Farben und Formen, alle Sinne und Gefühle erstarrt sind, schneeweiß und eiskalt. Selbst die Farben des Regenbogens sind erstarrt und haben ihre Leuchtkraft verloren.

Glitzernd, aber kalt ist diese Welt.

Als der Strahl der Wintersonne sich durch die graue Himmelsdecke schiebt, wird eine Schneeflocke so übermütig, dass sie zurück zum Himmel fliegt.

Dort stößt sie an die goldene Glocke der Himmelspforte an. Der Ton der Glocke ist so voll und schön, als seien alle Klänge der Welt in ihm verborgen. Die befreiten Klänge suchen ihren Weg durch die graue Himmelsdecke hinab zur Erde. Dort berührt jeder Klang eine im Schnee und Eis erstarrte Pflanze, jeden Baum und jeden Busch, die frosterstarrte Erde, vereiste Gräser, aber auch Gefühle, Sinne, Formen und Farben. Alles erwacht aus des Eiskönigs Verzauberung, erblüht in größter Schönheit. Blumen, Büsche und Bäume schmücken sich mit Frühlingsblüten. Der Wind trägt ihren Duft über das ganze Land.

Die vom Schnee und Eis gebeugten Gräser richten sich wieder auf und wiegen sich im sanften Frühlingswind.

Auch die Farben des Regenbogens sind befreit und leuchten wie eine große Himmelsbrücke über Wiesen und Felder.

Die Erde bricht auf, und es grünt allerorten.

Die Welt ist wieder voll Farben, Licht und Leben.

Die Klänge schweben über dem Land und erfüllen die Herzen der Menschen mit Freude.

Und so träumen sie die schönsten Träume.

Haiku-Meditationen

Ein Haiku ist ein Kurzgedicht im festen Metrum von drei Zeilen und siebzehn Silben. Diese drei Zellen erzählen eine Geschichte, es ist die »kürzeste Kurzgeschichte der Welt«, in einem zunächst etwas ungewohnten Sprachrhythmus. Seine geographischen und historischen Wurzeln hat das Haiku in Japan, seine geistig-spirituellen im ZEN-Buddhismus des 17. Jahrhunderts.

Ursprünglich war ein Haiku eine eher philosophisch-meditative Naturbetrachtung und -beobachtung, ohne subjektiven Faktor. Trotzdem war für den geübten Haiku-Leser die persönliche (Lebens-) Philosophie des Dichters erkennbar. Viele Haikus sind Spiegelbilder der Natur, der Jahreszeiten mit spezifischen Symbolen, die jeder Japaner versteht.

Die klare, ausdrucksstarke und unsentimentale Sprache eines Haikus steht moderner westlicher Lyrik oft näher als manches Gedicht der Romantik und findet deshalb in der westlichen Welt immer mehr Anhänger. Die folgenden Haikus sind keine Übersetzungen japanischer Haikus. Mit ihrer Bildersprache lassen sie Raum zum Phantasieren, Assoziieren, zum Erinnern, verbunden mit allen Gemütsbewegungen. Sie haben eine eher therapeutische als literarische Aufgabe und bieten eine einfache und unspektakuläre Möglichkeit zur Meditation, zur Versenkung, dieser Kunst des Absichtslosen.

Anleitung zur Haiku-Meditation:
- Wählen Sie einen ruhigen, störungsfreien Raum.
- Eine angenehme Beleuchtung, zum Beispiel Kerzenlicht, schafft eine behagliche Stimmung.
- Setzen oder legen Sie sich bequem hin, lassen Sie alle Spannung von sich abfließen.
- Atmen Sie einige Male tief durch und lassen Sie Ihren Atem dann zwanglos »geschehen«.
- Lesen oder hören Sie die Haikus und lassen Sie sie ohne Anspruch auf sich wirken.
- Genießen Sie die Ruhe, die inneren Bilder und Gefühle, solange Sie sich wohl fühlen oder Ihre Zeit es zulässt.

– Nehmen Sie nach der Meditation die so genannte Rücknahme vor: Recken und strecken Sie den ganzen Körper, heben Sie die Arme hoch, atmen Sie tief durch, gähnen oder seufzen Sie laut. Sie sind danach frisch und erholt.

Der junge Vogel
in jubilierendem Flug
stößt sich am Fenster tot.

Gezacktes Blütenblatt
reißt Wunden in die Hände
die Schönheit suchten.

Regennasse Erde
hält Fußspuren fest
wie Monogramme.

Sternschnuppen im Juli
silberne Wünsch-dir-was-Spur
rasen durch das All.

Die Quelle zerrinnt
bevor sie ihren Weg gegraben
unterm Schlehdorn.

Tau hängt an den Gräsern
sie beugen sich unter der Last
aber trotzen dem Wind.

Wolken in Winden
stürmen voran ohne Zeit
verlachen ein Ziel.

Platanen am Fluss –
ihre Blätter ein Teppich
den Füße treten.

Eiskristallen gleich
hängen Sterne im Nachtblau
Lichtjahre entfernt.

Zwischen den Tannen
liegt wie das Auge des Pan
der Seerosenteich.

Die Lerche droben
widersteht dem freien Fall
ihr Lied scheint Triumph.

Eiskristalle am
Fenster sind Zeichnungen
des Wintergeistes.

Spinnen im Netz –
müssen es nur erwarten –
ihren Augenblick.

Steine auf dem Weg
lassen mich träumen
Bergkristalle zu finden.

Die Lindenblüten
Kaskaden von Düften
hängen in der Luft.

Stadt wie Kohlebild
auf grau-weißer Leinwand
des Januarwinters.

Der schreiende Mund
ist die offene Wunde
der verletzten Seele.

Das Ticken der Uhr
lässt den Pulsschlag des Blutes
im Ohr dröhnen.

Im Bücherregal
bunt gebundene Träume
warten auf Freiheit.

Festhalten wollen
den flüchtigen Augenblick
der Vision Liebe.

Erinnerung an
mütterliche Belehrung
lässt den Greis zittern.

Erfüllte Stille
sie lässt die Liebenden
lautlose Lieder hören.

Hinter der Mauer
meines klopfenden Herzens
hocke ich zitternd.

Kinder und Küche
sind Fluchtburgen für Frauen
von andren gebaut.

Unter den Steinen
haben sich Drachen versteckt
schüren ihr Feuer.

Die Seele wird hell
Melancholie löst sich auf
froh feiert das Selbst.

Vorsicht und Distanz
schaffen kühle Harmonie
wenig Gefühle.

In Erdhöhlen tief
hocken bucklige Zwerge
und warten auf Titania.

Die schwarze Katze
sie blickt sehr geheimnisvoll
denkt nur an Mäuse.

Katze in der Wohnung
sie streicht ruhelos herum
verleugnet Instinkte.

Das Ticken der Uhr
an Sonntagnachmittagen
dehnt die Einsamkeit.

Blaue Dämmrung
die Gedanken bündeln sich
wie Laserstrahlen.

Der Klostergarten
mit steinernen Grabsäulen
Insel der Ruhe.

In der Phantasie
bau ich die Welt ganz neu
doch mein Haus zerbricht

Geben und Nehmen
Liebe ist kein Geschäft
trotzdem klag ich's ein.

Träume sind wie Glas
wenn der Morgen sie berührt
zerbrechen sie leicht.

Meine Sehnsüchte
Drachen gleich, fliegen zu ihm
mit dem rauen Wind.

Gedanken und Wunsch
fliegen ohne Halt davon
mein Herz hängt gefangen.

Erklär, was Liebe ist
noch keiner konnt's mir sagen
drum misstrau ich ihr.

Worte der Liebe
geflüstert im Nachtschatten
Wundpflaster fürs Herz.

Verletzt igelt sich
das kindliche Ego ein
und klagt unhörbar.

Wie spitze Pfeile
zielen Wünsche auf ihn hin
prallen hart zurück.

Wie Nebeldünste
im Urwald Brasiliens
wabert Misstrauen.

Kleiner, bunter Traum
vom ganz alltäglichen Glück
platzt am Banalen.

Der purpurne Tag
verwandelt sich in eine
silberhelle Nacht.

Die Pyramiden,
Residenz der Götter, sie
verspotten die Zeit.

Lieblicher Bergsee –
er funkelt wie Pans Auge,
verlacht Anbetung.

Der Weg hinauf zum
Gipfel der Wünsche, scheitert
an der Wirklichkeit.

An manchen Tagen
fällt das Licht ohne Schatten
direkt in mein Herz.

Glückliche Kühe
auf Weiden, ahnen nicht das
Los ihrer Kälber.

Kleinstadtbahnhöfe
eitle Zitate einer
vergangenen Zeit.

Es war, was es war –
verschlingende Leidenschaft –
Himmel und Hölle.

Vogelgezwitscher
an letzten Wintertagen –
Irrtum oder Hoffnung?

Das Jahr ist zu Ende
welche Spuren hat es in uns
wohl hinterlassen?

Sonniger Herbsttag
lädt ein, alles Dunkle
hinter sich zu lassen.

Bäume ziehen sich
ihr buntes Herbstkleid im
Licht der Sonne an.

Es gibt Momente
mit anderen Menschen,
da tanzt die Seele.

Bücher sind eine
unverzichtbare Droge
für meine Seele.

Der Bambus wartet,
dass der Wind ihn streichelt und
die Blätter singen.

Die Gewohnheiten
übernehmen wir später
als Wahrheiten.

Quellenverzeichnis

Phantasiereisen

S. 19–30 aus: Du spürst unter deinen Füßen das Gras. Fischer Taschenbuch Bd. 3325
© Fischer Taschenbuch Verlag GmbH, Frankfurt am Main 1983
S. 31–36 aus: Du fühlst die Wunder nur in dir. Fischer Taschenbuch Bd. 11692
© Fischer Taschenbuch Verlag GmbH, Frankfurt am Main 1993
S. 37–43 Erstveröffentlichungen.
© Fischer Taschenbuch Verlag GmbH, Frankfurt am Main 2002
S. 44–51 aus: Du fühlst die Wunder nur in dir. Fischer Taschenbuch Bd. 11692
© Fischer Taschenbuch Verlag GmbH, Frankfurt am Main 1993

Reiseimpressionen

S. 54–70 aus: Du spürst unter deinen Füßen das Gras. Fischer Taschenbuch Bd. 3325
© Fischer Taschenbuch Verlag GmbH, Frankfurt am Main 1983
S. 71–78 aus: Du fühlst die Wunder nur in dir. Fischer Taschenbuch Bd. 11692
© Fischer Taschenbuch Verlag GmbH, Frankfurt am Main 1993
S. 79–91 aus: Wege in der Wintersonne. Fischer Taschenbuch Bd. 11354
© Fischer Taschenbuch Verlag GmbH, Frankfurt am Main

Märchen und Märchenreisen

S. 95–102 aus: Auf der Silberlichtstraße des Mondes. Fischer Taschenbuch Bd. 3363
© Fischer Taschenbuch Verlag GmbH, Frankfurt am Main 1985
S. 103–109 Erstveröffentlichungen
© Fischer Taschenbuch Verlag GmbH, Frankfurt am Main 2002

Haiku-Meditationen

S. 113 u. 114 bis einschließlich »Wolken in Winden – ...« aus: Du fühlst die Wunder nur in dir. Fischer Taschenbuch Bd. 11692
© Fischer Taschenbuch Verlag GmbH, Frankfurt am Main 1993
S. 114 ab »Platanen am Fluss – ...« Erstveröffentlichungen.
© Fischer Taschenbuch Verlag GmbH, Frankfurt am Main 2002